施設で育った子どもたちの語り

『施設で育った子どもたちの語り』編集委員会●編

明石書店

はじめに――自分史を語るということ、そしてそこから学ぶもの

この本は、施設での生活を体験した人たちによって綴られた自分史を単行本としてまとめたものです。お一人おひとりにとって、家族との別れや貧困による悲しみや苦しみ、心やからだに残された深い傷の痛みなど、重い心の内をさらけ出すことは大変勇気のいることだったと思います。また、書くことによって追体験をして辛い執筆になった人もいることと思います。それでもここで皆さんが共通して言っておられるのが、施設での育ちや人との出会いが人生の支えになったということ、そして自分の人生の一区切りが整理できてありがたかった、との言葉をいただいて、重い課題を投げかけた編集委員の一人として、多少安堵しています。書いていただいたことに本当に感謝しています。

ところで、この本の執筆は、１９６０年代生まれから１９９０年代生まれの方21名にお願いしました。時代背景は異なりますが、それぞれの痛みや哀しみ、人との出会い、喜び、そして未来

へと希望する思いを、読み込んでほしいと思います。

1960年代、日本経済は戦後の復興に向けて高度経済成長をひた走って、GNP世界第2位までに押し上げました。社会福祉分野は、社会福祉事業法を基本法とした措置制度を基礎構造として公的責任のもとに整備してきました。

しかし実態的には、特に入所施設については制度的にも低位におかれ、児童福祉についても当時の施設の多くは、大規模施設に多数の子どもを収容するという収容保護パラダイムが主流で、児童福祉施設最低基準によって規定づけられた職員配置基準は10対1、子どもの居室は畳1畳半、子どもの生活は貧しく抑えられ、劣等処遇そのものとも言われていました。また、大きな子ども集団をかかえて個々の子どもの要求や希望は諦めさせざるを得なく、生活指導・児童処遇という名のもとに管理的にならざるを得ない状況が長く続いてきました。

そして世間からは、親の養育放棄への批判、親と離れて施設で暮らさざるを得ない可哀そうな子、家族の問題や貧困に陥るのは恥ずべきこと等、偏見や差別的な眼で見られることも多くありました。そのことで子どもたち自身も自分を卑下し、自己否定に陥った子どももいました。

このように一般の人からの施設や施設の子どもを見る目があって、子ども自身の声はあまり外へ向かって語られることはありませんでした。

1970年代に入って、児童福祉施設最低基準で職員配置が少し見直されたり、養護施設から高校進学が認められたり、一般生活費が多少改善されたりしました。それでもなお、そもそも低位におかれていた基準が改善されたとしても不十分そのものであり、国への予算要望を続ける必要がありました。

ところでこのときもなお、職員が子どもの養育にあたっては、大人側の論理でときに強制力を伴って、生活指導や処遇と称しての体罰や強い指導が横行していました。子どもの人権保障や子どもの権利を声高に叫ぶことにためらいを感じた時期でもあります。

こういうなか、「施設に暮らす子どもたちにも人間として生きる権利があり」、「施設の主人公はあくまでも子どもたちであり」、「新しい社会の担い手としての人間を育てる、そうした積極的な営み、その教育過程こそが施設養護である」という認識を共有し実践を深めようと、養護施設職員を中心に、福祉・教育系学生、大学教員・研究者の思いがまとまり、全国児童養護問題研究会（養問研）が1972年発足しました。

ここ数年、ようやく社会的養護の当事者が公に語り始められるような雰囲気が整ってきました。全国の児童養護施設が加盟している全国児童養護施設協議会は、2003年に機関誌『児童養護』で当事者の声を取り上げ、さらに全養協大会でも研究部会を開催しています。それでも、先輩の施設長や研究者の間で、施設で育ったことの公表にためらいがあったということを聞いたことがあります。今では当事者組織が東京はじめ各地で活動をはじめるようになり、当事者が語り、現在施設で生活している子どもたちへの自立支援や社会的養護の政策提言などを活発に行い、ソーシャル・アクションともなっています。

今回のこの本は養問研第40回大会の記念事業として計画して、ここに発行するものです。これは、2008年発刊の全国児童相談研究会（児相研）と養問研の共同編集年一回の機関誌『子どもと福祉』（明石書店）第1号から第4号までの連載「当事者の語り」と、今回新たに執筆を依頼したものから構成されています。

「I 今日まで・そして明日から」では、主に今回の執筆が過去を振り返る契機になった人、施設での体験から現在施設職員として働いている人などを取り上げています。「II 確かな居場所」では主に過去を冷静に見つめ、社会へメッセージを発している人、社会的養護に関係する活動をしている人などを取り上げました。

これらの語りから何を学ぶかは、読者のみなさん、お一人おひとりに委ねたいと思います。かつて児童養護施設職員であった者からすると、子どもの声をきちんと聴いていたか、大人が考える権利を押しつけていなかったか、こちらの思い込みだけで接していなかったか等、さまざまな反省の思いが交錯します。

現在、権利擁護という言葉が流布しつつありますが、制度面、予算面の問題から施設職員や関係する者の意識はどうあるべきかに至るまで、これを機会に足元から見つめ直したいと思います。

２０１２年５月

『施設で育った子どもたちの語り』編集委員会　喜多一憲

施設で育った
子どもたちの語り
——目次

II 確かな居場所

Ⅰ　今日まで・そして明日から

居場所をなくす不安と闘いながら

小林　大

私は現在30歳、京都市にある児童養護施設「つばさ園」で働いています。結婚して、娘を一人授かりました。それだけを聞くと、何の不自由もない幸せな家庭を思い浮かべるでしょう。しかし、私には両親と過ごした経験がありません……。そんな私が30年間をどのように育ってきたのかを振り返ってみたいと思います。

兄弟三人がバラバラに

１９７７年、私は京都市に生まれました。しかし、妊娠7か月の早産で、体重は１４００グラムという超未熟児だったので、そのまま1か月間保育器に入っていました。今ほど医療設備が整っていなかったということもあり、助かったのが奇跡的だったそうです。大きく育つように、そして人生の苦労に負けないように「大（まさる）」と名付けられました。

私を出産して間もなく母親は出て行きました。父一人で働きながら、乳飲み子と二人の子どもを育てるのは経済的にも時間的にも厳しかったようで、兄弟三人はバラバラに預けられました。兄二人は京都府にある養護施設へ、乳児だった私は京都市の乳児院に措置されました。その頃の記憶は全くありません。

2歳になり、つばさ園に措置変更でやってきました。幼稚園にも通い、順調に育ちましたが、年長になると幼児ホームの中で一番偉いと勘違いし、天狗《てんぐ》になりました。〝何でも一番じゃないと気が済まない〟子どもでした。そのせいか、この頃の写真はほとんど笑っているものがなくて、眉間にしわの寄っているものばかりです。この頃、兄たちもつばさ園に移ってきました。

小学生になり、小学生だけのホームに移動しました。幼児の頃とは規則や生活が全く違い、とても厳しいものでした。朝6時半に起きて掃除、配膳当番があり全員分の朝食を用意する、登校前に朝礼、夕方5時門限で、そこからまた掃除、夕礼（夕方の集まりで、点呼等があった）、配膳、入浴、就寝と事細かに日課やルールがありました。その上、それを守らないと職員から叱られ、体罰をされることもありました。

1年生の頃です。外で遊んでいて、たしか5分程度だったのですが、夕方の門限に遅れたことがありました。当時いた一番怖い女性職員にひどく怒られ、正座を1時間近くさせられました。就寝時間の9時を過ぎて起きていると、抱え上げて投げられそうになったこともありました。私の目の前で蹴られた男の子の鼻血が飛び散ったこともありましたし、拳骨はほとんど毎日のことでした。

同室の年上の男の子のお金がなくなったことがありました。私は全く身に覚えがなかったのですが、毎日のように職員室に呼び出され、問い詰められ、やってもいないのにやったと嘘をつきました。嘘をついたというより、職員が怖くて言わされたのです。職員に問い詰められる辛さより、罪を認めてしまったほうが楽になれると思いました。それくらい私たち子どもは職員に気を遣い、怒られないように生活をしていました。そして、ここでは全員が年上なので、幼児の頃のように天狗になってはいられませんでした。上級生からのイジメもありました。職員に言っても取り合ってもらえないので我慢するしかなく、とても辛い生活だったことを思い出します。

体罰やイジメ以外にも、今から考えるとありえないようなルールが存在しました。〝小遣いは日曜日にしか出すことができず、しかも一回100円だけ〟というものや、〝夕礼で、見たいテレビ番組の許可を職員から得ないといけない〟など挙げればきりがありません。

小学4年生のときに今まで行方不明だった父親から手紙が来ました。自分には親がいないと思っていたのでうれしくなり、「僕も友達と同じような生活ができるようになるかも」と、淡い期待を抱きました。その父親から5年生のときに引き取りの話があり、二つ返事で帰ることにしました。しかし、約束の日に父親は来ませんでした。裏切られた悲しさと、ほんの少しでも期待してしまった自分に対する悔しさが交錯しました。その後も小学校卒業時に引き取りの話がありましたが、帰りませんでした。すでに家に帰っていた次兄と一緒に暮らすのが嫌だったということもありましたが、それ以上に「もうこれからはつばさ園で生活して自分で自立していこう」という気持ちになっていたからです。このときから私は、家に帰るということを考えなくなりました。

中学生になり、それまでは勉強の「べ」の字もなく、学校には遊びに行っているようなものだったのが、担当職員との話で進路を考えるようになりました。その話とは、どの学歴だったらどの仕事ができるのか、そのためにはどのような勉強をしなければいけないのかというものでした。私は「この高校しか行けない、この仕事しかないと言われるのではなく、自分で高校も仕事も選びたい」と思い、勉強をするようになりました。担任の勧めで生徒会副会長もやりました。サッカー部に入り、副キャプテンも務めるなど、充実した中学生活を過ごしました。

しかしこの頃から、常に私の中に一つ不安がありました。

常にある不安

児童養護施設に入った子どもたちのほとんどがぶつかる悩みだと思います。それは〝施設には18歳までしかいることができない〟ということです。「つばさ園を出て行って一人でやっていけるのだろうか……」という不安が常に頭の隅にありました。18歳になると親がいないだけでなく、住むところまでなくなってしまう。これは、本当に不安でした。しかも、18歳というのは高校に行っていることが条件で、高校に行けない子は15歳で出て行かなければなりません。実際に、長兄は15歳で自立していきました。私は何とかつばさ園にいたいという思いでした。もちろん施設にいることで生じる煩わしいこともたくさんありますが、それ以上に一人で自立しなければいけないということはしんどいことで、考えるだけで眠れないこともありました。

この頃になると、つばさ園の状態も以前とは随分違っていました。職員が体罰をしないと宣言し、何事も話し合いで解決するようになっていました。ただ、その話し合いがとても長かったことを思い出します。問題が起きれば毎日でもしていました。

勉強の甲斐もあって府立桂高校に進学することができました。サッカー部に入り、その上アルバイトと、忙しくも充実した高校生活を送っていました。しかし、自立しなければならないときが刻一刻と近づきます。そんな中で、私は自分が何をしたいのかと改めて自問しました。

「私をここまで育ててくれたつばさ園のようなところで働きたい。私なら、自分と同じような境遇の子どもたちの気持ちを理解できるのではないか」と考えるようになりました。

しかしそのためには大学に進学しなければならず、学費や生活場所などさまざまな問題がありました。そこで思いきって、大学に行きたいと職員に相談すると、返事は意外にもあっさりと「いいよ。大学を卒業するまで園にいたらいい。学費も施設から借りて、ゆっくり返していったらいいよ」というものでした。当時、措置されている人数が少なく部屋が空いていたり、他に大学に行くような子どもがいなかったりといった幸運にも恵まれましたが、このときのうれしさは言葉には表せないほどのものでした。大学に行って学びたいという以上に、社会という未知の世界に一人で飛び出す勇気がまだ私にはなかったのです。

その後、花園大学社会福祉学部へと進学しました。大学で学び、施設見学や実習に行くことで、つばさ園がいかに良い施設かを実感しました。以前はあった子どもへの体罰を否定し、「心もお腹も満たされていない子どもたちには、まず〝食〟から満足させよう」と、調理場で作っていた食事を現場に持っていき、子どものニーズを聞いたり、職員が自腹で買っていたジュースやお菓子を予算化してどの職員も買ってあげられるようにしたり、それまでの規則や習慣を本当に必要なものなのか問い直し、子どもとの話し合いの中で一緒に作り直してくれていたことがわかりました。改めて、この施設に来ることができて本当に良かったと思いました。

そして、大学の卒業が近づき就職先を探す時期になりました。児童養護施設で働きたいと思っていたので、いくつかの施設に就職を申し込みましたが、なかなか決まりませんでした。

育った施設で働く

そんなときに、つばさ園の当時の園長が「働いてみないか?」と声を掛けてくれました。卒園生が働くのは前例のないことで戸惑いもありましたが、それ以上に、この施設で自分も働きたい、そして勉強してみたいと思い、働かせてもらうことにしました。

実際に働いてみて、職員が本当に子どもたちのことを思っていてくれていることを実感するとともに、その苦労もよくわかりました。それと同時に、働くことの難しさも感じました。私自身それまで生活していた場所で働くということで、気持ちの切り替えが必要でしたが、数年間はなかなかできていなかったように思います。子どもの延長のような職員だったのではないでしょうか。子どもと接するときに自分の子どもの頃と比較してしまい、子どもたちに厳しいことを要求していたこともありました。ただ、同じ施設出身ということで子どもたちにとって身近な存在になれたと思っています。

4年前に職場で知り合った女性と結婚し、子どもを授かりました。守るものがなかった私に

〝家庭〟という守るものができました。可愛い反面、何もできない赤ちゃんを見ていると、今まで施設の子らに「何でこんなこともできひんねん」と思っていた自分がバカらしく思えました。子どものおかげで、施設の子どもに対する心の余裕ができたように思います。とても大切なものを得ることができました。

そんな私は、２００７年度限りでつばさ園を退職して、妻の実家の近くに移ることにしました。今後の家族のこと、そして自分自身の人生を考えての決断です。お世話になったつばさ園を離れるのは本当に辛く寂しい気持ちでいっぱいですが、だからこそ、幸せな家庭を築くことでその恩に報いたいと思います。そして、これが私にとって本当の自立なのかもしれません。

小林　大（こばやし・まさる）◉１９７７年、京都市で生まれる。生まれてすぐに両親が離婚。父親に引き取られるが、養育困難により乳児院に入れられる。２歳11か月のとき、養護施設「つばさ園」に措置変更。２０００年、花園大学を卒業し、つばさ園に就職。２００７年度まで児童指導員として働く。２００４年に同じ職場で知り合った女性と結婚し、一児の父親となる。２００８年３月、同園を退職して、理学療法士の専門学校に進学。２０１２年３月、理学療法士の国家試験に無事合格、４月より兵庫県の病院に勤務。

夢はあきらめるものではなく、つかみ取るもの

瀬川舞佳

幸せな子ども時代

私は家庭での生活、施設での生活、どちらも経験しています。そして現在は、児童養護施設の保育士をしています。今、21歳なのですが、この21年間を簡単に表すと「人生、山あり谷あり」といったところでしょうか。

私は大分県のとある町で長女として生まれました。お母さんお父さん、そして私が3歳のときに妹が生まれて家族四人で、ごく普通の生活を送っていました。

私の家は銭湯の管理人で、近所のおばさんやおじさんがよく来て、可愛がってもらいました。一緒に遊ぶのは5、6歳年上のお姉さんたち。近所のおばあちゃんが洋服や浴衣などを作ってくれたりと、「苦」という文字は浮かんでこないほど、幸せな暮らしをしていました。裕福ではなかったですが……。

子どもの頃は、遊園地やデパート、地域のお祭りや運動会など、たくさんいろいろな場所に連れていってもらいました。秋になると耶馬渓に紅葉を家族で見にいくのが毎年恒例の行事でした。お父さんは厳しい人だったので、私はお母さんっ子でした。おいしいご飯を作ってくれて、一緒に寝てくれて、編み物が得意で、お父さんから怒られたときはかばってくれたり、とても大好きな存在でした。

史上最悪な出来事

そして、史上最悪な出来事が私たち家族に襲ってきたのは、私が小学4年の春休みのことでした。いつものように両親が仕事から帰ってきて、いつものように夕ご飯を食べていました。すると、お母さんが「頭が痛い、肩が凝る」と言ったので、肩もみをしてあげました。そしたら、「すごく頭痛がする、今日はもう寝る」と言ったのが、お母さんの最期の言葉でした。その瞬間から、ものすごいいびきをかきはじめました。異変に気付いたお父さんは、急いで救急車を呼びました。そして、5日後に息を引き取りました。38歳でした。病名は「くも膜下出血」でした。

突然のことで、何が起こったのか小学4年の子どもには全く理解ができませんでした。ただお母さんにはもう一生会うことができないとわかっていたので、大量の涙が止まらなかったことを今でも覚えています。日に日にお母さんがいないことを実感してきて、このまま立ち止まってはいけないと思いました。心の傷は癒えないまま時は過ぎていきました。

家事をしたことが全くなかったお父さんと私と妹だったので、初めはすごく苦労をしました。私と妹が米とぎと皿洗い、お父さんが洗濯と掃除という分担にしました。しかし、一番重要な「ご飯」を作れる人がいなかったのです。お父さんがいくら頑張って作ってもおいしくないし、自分も作れないし……。なので、近所のおばちゃんに作ってもらったりしました。でも、大半は外食でした。おかげですごく太ってしまいました。

お父さんは、土日の休みは必ずお出かけに連れていってくれました。たくさん旅行もしました。今思えば、私たちが寂しくならないようにいろいろ計画してくれていたのだなぁと思いますが、当時反抗期だったので、ありがたい気持ちをうまく表現できませんでした。

小学6年の頃、近所に住んでいた祖父が亡くなりました。お父さんが仕事に行っているときは、いつも祖父の家に行っていたので、とても悲しかったです。

そんな中、今度は父が病気になりお世話する者がいないため、私と妹は施設に入ることになりました。父から「お父さん、入院することになったから、お前たちは施設に入るよ」と言われたときには、「わかった」としか言えませんでした。イヤダと言っても無駄だと思ったからです。そのときの私が思う施設の印象は、「親から捨てられた子どもが入るところ」「親がいないから入るところ」というイメージでした。

施設での生活

入所日は突然やって来ました。その日、急いで用意をして、夕方には施設の人が迎えに来ました。施設に着いての印象は、薄暗く、怖いといったイメージでした。1階から2階に上がると、待っていたのはたくさんの子どもたちでした。さきほどの印象とは違い、明るく、賑やかでした。子どもたちは「誰？」「新しい人？」など話しかけてきて、初めは戸惑いましたが、少しずつ話をしていきました。部屋は妹と二人部屋で、寝るときが唯一の安らぐひとときでした。

朝になり、それまで通っていたのと同じ小学校に行きました。すると友達から、「なんで家と違う方向から来てるの」と言われました。でも、正直なことを言えず、「お父さんの仕事の都合で、別の方向から来てる」と言ってしまいました。それは私の施設に対するイメージが「親から捨てられた子どもが入るところ、親がいないから入るところ」だと思っていたからだと思います。施設に帰ると可愛らしい一人の女性がいました。「あなたたちの担当になりました。よろしくね」と言われ、とても優しく、施設のイメージが少し変わり、そして、その担当の姉さんが大好きになりました。

毎日学校に通い、施設での生活が何日か経ったある日、私は喧嘩をして押し入れに閉じこもってしまいました。「やっぱりこんな施設イヤダ、家に帰りたい」と泣き叫んだことを覚えています。年上の姉ちゃんが話を聞いてくれて、その場はおさまりました。喧嘩した子どもともその後仲良くなり、施設での生活もようやく安定してきました。

私の夢は一瞬にして消え……

小学校を卒業して、中学生になりました。小学校の友達とは離れてしまいましたが、中学でも新しい友達を作ることができました。中学では、施設の子どもも通っていたので、施設に入っていることは隠しませんでした。部活はバレーボール部に入りました。小学校でスポーツをしていなかった運動音痴の私は、皆について行くのに必死でした。

中学では、部活や勉強など充実した生活を送ることができました。施設での暮らしも楽しく過ごしていました。でも、困ったこともありました。それは、物やお金がなくなることでした。そのときの私と同じ部屋は妹ではなく、同年代の子でした。部屋に遊びにくる子もいたので、誰がそのようなことをしていたのかは結局わからなかったのですが、それから頻繁に鍵をかけてもらうなどして、そのようなことは少しずつ減っていきました。

中学校に入ったときは、特に「これになりたい」という夢はなかったのですが、中学2年の頃、ふと施設の幼児棟に行ったのがきっかけで、私の夢がふくらんできたのです。幼児棟に遊びに行っているうちに「子どもと関わるのが好き！　このような仕事がしたい」と思うようになりました。そして施設の姉さんに聞いてみました。「こういうところで働くには、どんな資格がいるの」。すると姉さんは、「いろいろいるけど、私は保育士で働いているよ」と教えてくれて、私は保育士になろうと思いました。でも保育士になるためには、短大に行って、お金もたくさんいることを知って、私の夢は一瞬にして消えていきました。なぜなら、私には短大に行けるようなお金なんてなかったからです……。

せっかく持った夢だったのに……。何日か経って友達から、高校のオープンスクールに行こうと誘われました。私はその高校の名前も、どこにあるのかも知りませんでしたが、友達についていて行く程度の気持ちで、オープンスクールに行きました。その日行ったのは調理科で、パスタを作りました。そこで調理師の免許も取得できると聞いて、私は食育を通して子どもと関わる仕事をしようと思い、行く予定でもなかった調理科のある高校の入試を受けました。無事合格もできて、調理科に進学しました。

やりたいと思うことを簡単にあきらめない

高校生になってできることは、携帯を持てることとアルバイトができることでした。中学のときは友達は皆携帯を持っているのに、私だけ持っていないという悔しい思いをしました。入学式が終わってすぐに買いにいき、とてもうれしかったことを今でも覚えています。

アルバイトもたくさんしました。携帯のお金は自分で払わないといけないし、自動車運転免許を取得するのに30万円近いお金がいるからです。そして何といっても卒園後、自立しなければならない不安もあったので、お金を貯めておきたいと思ったからです。ときには掛け持ちもしました。学校も毎日行き、楽しい学校生活を送っていました。

高校3年になると進路について考え始めました。私にはお金がないので大学には行けないし、「就職」という道を考えていました。私は保育園の調理をさがしていましたが、なかなか就職が決まりません。そんなとき、施設の兄さんが、ほかの施設の園長先生に「調理の仕事はありませんか」と電話をしてくれました。「調理の仕事はないけれど、一度遊びに来てみたら」ということで、初めてそこの施設を訪問しました。そこで園長先生といろいろな話をしていくうちに「やりたいと思うことを簡単にあきらめてはいけない、今からでも遅くはないよ。自分の夢を実現するために2年間必死で頑張る覚悟があれば、短大に進学することを支援してあげよう」と言っていただきました。考えもしなかった展開で、大学に行き、保育士の免許を取るという大きな夢が目の前に広がって心臓がドキドキしたことを今でも覚えています。「今日から就職ではなく、進学に方向を変えて勉強しなさい」という言葉に応えて、すぐに大学の受験勉強に取りかかりました。

とはいっても、私にはお金がありません。なので、いろいろな奨学金制度にチャレンジしました。そして、一番難しいと思っていた「読売光と愛・郡司ひさゑ奨学基金」に合格したのです。そのときは本当にうれしかったです。

きっと幸せはあると信じて

卒園するときは、一人で生きていかなければならないという不安をかかえながら卒園していきました。また、約6年間私を育ててくれた家を巣立っていくのはちょっぴり寂しい気持ちもありました。そして新たな土地に行きました。2年間は短大に行きながら働くことになったのですが、あっという間に過ぎていきました。短大ではテストや実習、日常の勉強などとても多忙でしたが、充実した毎日を過ごしました。

一方仕事では、少しずつ子どもたちや環境に慣れていきました。少し前までは私も子どもの立場だったのに、大人の立場になってみると、とても不思議な気持ちでした。職場では、私が実習やテスト期間になると配慮していただいたりして、とても感謝しています。短大では大変なことばかりではなく、旅行や大学祭など楽しい行事もたくさんあり、とても充実した大学生活を送りました。あっという間に2年間が過ぎ、卒業して、無事に保育士になることができました。

そして、施設保育士として正式に働き始めました。今現在、幼児さんの担当をしています。私はまだまだ何もわからない未熟者ですが、先輩方の後ろ姿をみて日々成長していきたいと思います。

これが私の21年間を振り返ったすべてです。

人生、山あり谷ありといった21年間でしたが、これも私の試練なのかもしれません。今は仕事もして、信頼できる人もいてとても幸せですが、小学4年生のあの日のことは一生忘れないと思うし、寂しい思いをした気持ちも一生なくならないと思いますが、今を一生懸命生きて、これからの道を明るい未来にしていきたいです。でも未来は誰にもわかりません。もし、何か大きな壁に直面したときは、どんなに大きな壁も乗り越えていきたいです。きっと幸せはあると思うから。21年間、たくさんの人たちに助けてもらったので、出会いを大切にしていきたいと思います。

瀬川舞佳（せがわ・まいか）◉小学4年で母親を亡くし、小学6年のときに大舎制の児童養護施設に入所する。その後、父親も他界する。中学、高校と約6年間施設で生活を送る。一度はあきらめた保育士の夢に向かって卒園後、施設でお手伝いをしながら2年間短大に通う。保育士の免許を取得し、現在、保育士として児童養護施設で働いている。出会いを大切にして、出会いに感謝して日々生活を送っています。当時、「施設にいるから夢をあきらめる」と思っていましたが、今思うと、「夢は初めからあきらめるものではない。つかみに行くものだ」と思えるようになりました。きっと、私のように夢をあきらめかけている人もいると思います。そんな人たちに夢は絶対にあきらめてほしくないと願っています。

俺の「ろくでもない人生」からの逆転

松本明祐

生い立ち

1976年、父は大手ゼネコンの社員、母は専業主婦という家庭の第一子として私は生まれました。その後、年子で弟が生まれました。私の母は統合失調症を患っていました。私が幼少期の頃、今から2年前に他界した父の話では「家の外から誰かが見ている」という言動があり、幻覚の症状があったと聞きました。そして、症状がだんだんエスカレートしていき、私が小学1年のときに、母が意味不明な独り言を演説しているかのように話しているのを聞いて、非常にショックを受けたことが記憶に残っています。そして私が小学校4年のとき両親が離婚し、私と弟は父に引き取られました。

父と弟の三人生活が始まり、当初は優しかった父が、私が小学6年の頃からスパルタ教育に傾倒し始めました。そして、無理に勉強を押し付けられたことによって、私の素行はだんだん悪くなり、父が海外出張で不在の間、家にいたお手伝いさんに反抗したり弟にも迷惑をかけたり、塾には行かず塾代をゲームセンター等で使い込んだりしていました。父が帰国すると私の素行が原因で毎回、顔が変形するまで殴られるという虐待がありました。しかし、それでも悪行は治らず、虐待を受けた憎しみという反動で、中学1年生になると私の悪行は一段とエスカレートして、クラスメートと悪戯、万引き、喫煙等をし、とうとう養育困難と判断され、一時保護所に入ることになりました。今思うと、私は母親の愛情を全く受けておらず、そのことが私がこのような状況で施設に入らなければならなかった原因だと思います。

施設生活

1990年3月、一時保護所を経て児童養護施設「二葉学園」に入園しました。中学1年の春の終わりでした。ちょうど、終業式で園生が中学校に行っている間、私は居室に一人で過ごしていました。時間が経つにつれ続々と園生が中学校から帰ってくるたびに、お互いに自己紹介しました。夕食のとき学園のホールで園生全員の前で緊張しながら自己紹介したのも鮮明に記憶しています。施設に入ったことで、私の悪行はなくなりました。

高校進学と悪行の再発

中学3年になると、私は学校でいじめにあうようになりました。単に施設の子どもだからという理不尽な理由でした。そこで毎朝、一応中学校に通学するものの、授業は聞かず寝ていました。学校の先生はあきれていました。学校には一人も友達がおらず、寂しかったのを覚えています。そのぶん施設の園生と仲良くしていました。止めていた喫煙も、煙草屋から煙草を万引きしたり、公衆電話からお金をくすねたりしていました。そのことが、当時の担当の先生にばれてしまい、先生に怒られて、お店に一緒に謝りに行ったのを覚えています。今思うと申し訳ない気分で一杯です。もちろん高校進学についても全く考えていませんでした。心の隅で「どうせ俺のろくでもない人生なんかどうにでもなってしまえ」と自暴自棄に考えていました。

中学校の三者面談のとき、中学校の担任の先生から、「あなたの成績では全日制の高校に行くことはできません。でも、定時制だったら行けますよ」と薦められました。そして半信半疑に試験を受けたところ合格していました。高校進学なんて全く無理だと思っていたので、少し希望が見えた瞬間でもありました。定時制進学は、二葉学園では初めてということに感謝しています。

定時制と大学進学

定時制に通うことになり、昼間はファミリーレストランで働き、夜は学校に通うようになりました。学校生活を送る中、大学の教育実習生が私のクラスに来ました。その実習生が定時制高校から大学に進学したと聞き、私はどうしたら大学に進学できるかと聞き、推薦をもらえば大学に進学できると知りました。私は大学に進学したら「俺のろくでもない人生」が逆転するんじゃないのかと思いました。それからはこれまでの授業態度を改め、成績はクラスで常に一番ということを成し遂げました。そして、4年制の大学に進学することができました。

大学生活

施設を卒園し、大学入学を果たし、それも学費と仕送りを父親が出してくれることになって、順風満帆な大学生活のように思われました。ところが大学3年の11月、突然体に痛みがはしりました。精神の病気である疼痛性障害を発症したのです。体が痛み、特に肩と背中が痛くなり、大学卒業後、東京大学医学部付属病院の精神科に3か月入院しました。母親の統合失調症と因果関係はあるのかないのかわかりません。今は薬を飲んでいれば痛みはなく、安定した生活を送っています。

両親への思い

自分が精神の病気になってから、統合失調症への理解がすすみました。それまで母親のせいで家庭崩壊したのではないかと恨んでいましたが、病気になりたくてなっている人はいないと考えるようになりました。母にはもう25年間会っていませんが、会いたいと思うようになりました。

父は2年前に他界しました。スパルタ教育になる前までは、夏には海水浴や富士登山、冬にはスキーに連れていってくれたりと、温厚な父親でした。他界する前の夏にも「富士山に登らないか？」と誘われましたが、断ってしまったことを今では非常に後悔しています。

過去の振り返りと将来の自分

過去を振り返り、自分の人生は良かったと思います。それは学園に入所して、どうしようもない自分でしたが、特別に定時制高校に通わせてくれたり、学園の担当の先生や定時制高校の担任のM先生のサポートがあって大学に進学できたことです。病気にもなりましたが、今考えると本当に良かったと思っています。

今後のことについては、現在、ハローワークの職業訓練でパソコンの勉強をしており、わからないことだらけですが頑張ろうと思います。また、今、私が念頭においていることは、自分の人生は自分で切り拓くということです。私にとってチャンスを掴むことは自分で行動して、自分の将来を自分で決めていくことだと思います。これからは「自分の人生は良かった」と思える自分でありたいと思います。

松本明祐（まつもと・はるまさ）◉1976年、神奈川県に生まれる。10歳のとき両親が離婚し、13歳で児童養護施設「二葉学園」に入所。定時制高校卒業まで生活する。卒園後、大学に進学する。現在、職業訓練中。

面白くかっこええ大人を目指して

あらい ちえ

当初、このお話をいただいたとき、即答で「書く！」と言ってしまいましたが、いざ書き出してみるとなかなか筆が進みませんでした。自分自身を振り返って文章にまとめるのは結構力を使うことなんだな、と（書いてみて）初めてわかりました。5年前の私であれば、書くこと以前に思い出すことすらしたくなかったと思いますが、今は自分と向きあい、想いを書くことができます。恥ずかしいですが、最後まで読んでいただけたらと思います。

施設生活

1989年（私が5歳のとき）、当時3歳だった弟と一緒に、大阪の大舎制の児童養護施設に入所しました。入所当時のことはほとんど覚えていませんが、離婚して親権者となった父親と離れたくなくて泣き叫んでいた私を、男性職員が抱っこしてくれたことは覚えています。

最初こそ施設に面会に来てくれていた父親も、どんどん来なくなり、私が6、7歳になった頃にはぱったり来なくなりました。

施設では先生（施設職員のことを「先生」と呼んでいました）や、自分より年上の人の言うことは絶対でした。逆らうとどうなるか知らず知らずのうちに感じ取っていたようで、なるべく逆らわずにいい子でいようと、問題を起こさないように目立たないように過ごしていました。できるだけ男の子や怖い年上の人と一緒になることを避けて、職員の目の届くところにいようというのも経験から学んだのだと思います。先生に気に入られようと率先してお手伝いして「やってますよ、私」ということをアピールしたり、とにかく気に入られたかったので、ルールを守って生活していました。〝ルールを破ると怖い〟ということを体が理解していたので、ルールを破るということすら考えたことがなかったですし、ルールに対して疑問に思うことはありませんでした。お菓子やおもちゃがほしいと願うことはあっても、声に出す前にあきらめていたので、泣き叫んだりすることもねだったりすることもなく、それほど手がかからなかったんじゃないかと思います。当時からよく笑い、よくしゃべり、うるさかった私ですが、調子に乗っていると年上が怖いので、嫌われないように、殴られないように、怒られないように、自分を出さないように知らず知らずのうちに自分を守ろうとした結果、そういう行動になったんじゃないかなと思います。

親との葛藤

私が（たぶん）小学5年生のときに、児童相談所のワーカーさんが急に施設に会いにきて、小学4、5年生の男女を別室に集め、「困っていることはないか？」と言われたのです。そのとき、同学年の女の子が「ちえの母親探してもらいや。ちえを捨てたんやから、私が殴ったるわ！」と頼もしいことを言ってくれました。するとワーカーさんが本当に母親を見つけ出したのです。私が14歳（中2）の冬の頃でした。

実は、それまでワーカーさんと会った記憶はなかったので、信じることもできなかったし、見つけ出してくれるとは思ってもみませんでした。心の準備ができず、頭がパニックになったまま母親との初対面を迎えました。

母親との初対面の日、母親は泣いていました。「施設に入ってるなんて思っていなかった。約束ではちゃんと育てると言っていたはず。こういうことになってるのがわかっていたなら、無理矢理引き取ったのに」と聞かされました。その言葉を信じることができず、それでも父親が迎えにきてくれると信じていました。

母親は一刻も早く私たちを引き取りたかったそうですが、私は「母に捨てられた」と思い込んでいました。また、母親の元に帰ったら、父親を裏切ることになるんじゃないかと悩んでいました。しかし、職員に「弟は帰りたいと言ってる。ちえが我慢したら、弟は転校しなくていい。親が見つかったんやったら帰るほうがいい」と言われました。その日は「ここ（施設）からも嫌われた。もうどうなってもいいや」と半ばやけになり、家に帰る決心をしました。正式に家に戻ったのは母親と再会して4か月後でしたが、その間、母親は電話や差し入れやお迎えに来てくれていました。しかし、私のほうが「いまさら母親ヅラしないでほしい」という気持ちが強く、面会や電話を極力避けていました。お互いがいい関係でないまま親元に帰ったので、私たちも母親とどう関わったらいいのかわからないし、母親もどう接すればいいのかわからず、会話はあまりありませんでした。せめて母親と関係性ができてから引き取られたら、もう少し楽に生きれたんじゃないのかと思います。

いろいろあったことを書くとながーくなってしまうのですが、母親を受け入れることができたのは社会人になってからです。大学へ行かせてもらい、仕事に就いてある程度落ち着き始めたときに、初めて自分以外のことに目を向けられるようになりました。そして、母親が家のためや父親のことでどれだけ辛い思いをしてきたのかが、少しずつ理解できるようになりました。いろいろありましたが、今はとても仲がいいです。

家での生活

家族については、ＴＶドラマのような家族揃って団らんのある風景を期待していたのですが、実際は違っていました。

実家は、祖父母、母、伯父、私、弟の五人家族で住んでおり、17時～24時まで飲食店を経営していたので、昼夜逆転生活に近いスタイルで生活していました。そのため、食事もバラバラで、一緒に食べたときでも営業の合間にご飯をかきこむ状態だったので、学校のことや友達のことをゆっくり話したりできる雰囲気はありませんでした。

私はよく「言葉遣いが古い」と言われるんですが、それは祖母の影響です。祖母をみながら、少しずつ料理やマナーや言葉遣いなどを覚えたので、祖母が私のお手本なのです。お店を手伝いながら人とのコミュニケーションも自然と増えていきました。施設と学校以外の人と話すことがほとんどなかったので、接客を通じてコミュニケーションの練習ができたのはとてもいい経験をしたと今では思います。

姉弟

施設では、姉弟はあってないようなものというか、姉弟という感覚も持てませんでした。というのも、学校のように自然と男女別のグループができていたので、弟といってもどこで何をしてるのかわからず、「おはよう」の会話すらしたことがありませんでした。〝姉弟だけど、他人みたいだけど、気になる人〟という感じでした。そんな私たちは、関係性が築けていないまま親元に一緒に帰ったので、帰ってからとても困りました。

姉弟だけど、弟の施設での生活スタイルや、好きな食べ物、趣味や得意なこと、勉強のレベルや、なんのTVが好きか、どういう会話をしていたのかなど何も知らなかったのです。何を話したらいいのか、どう接したらいいのかとても悩みました。姉弟なのに、二人でいることがとても緊張しました。そのせいか、弟との関係はあっという間に悪くなってしまい、家でもほとんど話さなくなり、弟から笑顔が消えていってしまいました。頭では「姉やからしっかりしないと」と思っていましたし、家族もそのへんを私に期待しているように感じたのですが、私自身が周りに目を向ける余裕もなく、声のかけ方もわからなくて、本当にどうすればいいのか教えてほしくて、でもそれすらも言えなくて、頭の中がグチャグチャでした。このとき、他に気軽に相談できる場所や人がいれば良かったのに、と今は思います。

弟は18歳で高校を卒業し就職が決まり、誰にも言わずにそのまま家を出ました。弟が生きづらくなってしまったのは私のせいなのかも、と思っていました。「なんでもっと寄り添ってやれなかったんやろ」「なんで気付かれへんかったんやろ」と、今でも思っています。そうなる以前に、施設生活で姉弟関係を築いていれば、もう少し関係も変わっていたのではと思います。

社会での偏見

22歳で大学を出て、新卒で正社員に就きました。社会人2か月目の頃、職場の人とゆっくり話す機会があり、思い切って「児童養護施設」を経験してきたことを話しました。すると翌日から陰口を言われ始め、「障害があるように見えない」「何か悪いことしたらそこに入るの？」などや、仕事でミスをすると「施設の子はマナーや教養がないから」などと言われるようになりました。悔しくて腹が立つのに言い返せない自分がさらに悲しくて、逃げるように1年で職場を辞めました。「施設出身であることはカミングアウトせず隠したほうが生きやすいからそうすべき」という思いと、「自分の生きてきたバックグラウンドなのになぜ隠さないといけないのか」という思いが交錯し、ずっとモヤモヤしていました。

きっかけ

私が今こうして自分の想いを書けるのも、社会的養護について向き合って取り組もうと思えたのも、今の職場（地域）に出会えたからです。

読まれているかと思うと書くのが恥ずかしいのですが、それまで人と深くつきあうことを避け、入り込まれそうならすぐに関係を切って遠ざけていた私が、いつの間にか自然に自分からさらけ出せるようになっていました。私の生い立ちを聞いて、涙を流したり、慰めたりする人もあれば、イジメる人もいたりしていたのが、この地域の人はごく自然に受けとめ、ありのままの私を受け入れてくれました。特に自分で企画させていただいた、〝社会的養護で育った声を届けるセミナー〟をCVVと職場の共催で実現できたことは、さらに私を元気にしてくれました。ちょっと元気になりすぎて「ちえちゃんおったら、一〇人ぐらいおるみたいにうるさいわ」と言われるようになりましたが、そう言われるのもうれしいものです。

これから

私はいま、CVVという大阪の児童養護施設等の当事者団体のスタッフをしています。私自身が施設を退所したときに「困ってる」「しんどい」「助けて」と言えずに一人で問題を抱え込んでさらにしんどくなってしまったからです。また、電車の乗り方、マナー、保険や年金、大きなお金（1万円）の使い方など、退所してからわからないことだらけで困りました。かといって、〝知らないことは悪いこと〟と思っていたので、聞くこともできませんでした。今の子どもたちも、私と同じ思いをしてほしくないという気持ちからスタッフになりました。施設で生活しているときからつながりを作り、少しずつ一緒に学習できれば、子どもたちの自己選択の幅が増えると思うんです。また「私」というロールモデルを見てもらうことで、先のこともイメージしやすくなると思っています。不思議なもので、〝当事者〟であるだけで、全然知らない子ともすぐに打ち解けたりするんです。

とても気まぐれな性格でいつイヤになるかわからない私ですが、これからも「面白くかっこええ大人」を目指して、子どもたちと一緒になって取り組んでいきたいと思います。

あらい ちえ◉1983年、大阪生まれ。5歳で両親が離婚し、3歳の弟と大阪の児童養護施設に入所。14歳で母親が見つかり退所。現職は、箕面市のNPO法人暮らしづくりネットワーク北芝の職員で、PS（パーソナル・サポーター）をしながら、CVV（Children's Views & Voices 児童養護施設等経験者&応援者団体）のスタッフをしている。

生んでくれてありがとう　育ててくれてありがとう

蛯沢　光

生い立ち

私は5歳でお母さんと別れて父子家庭となりました。保育園の年長の途中からお父さん、お兄ちゃん、双子のお姉ちゃんとの四人での生活が始まりました。当時はお母さんがいなかったこともあり、甘えられず、とても寂しい思いをしました。我慢もたくさんしました。人の目を引きたくてイタズラをたくさんして、お父さんに叱られたことを今でもはっきりと覚えています。お父さんが叱るときは、私がウソをついたときです。お父さんはウソが嫌いです。叱るときに必ず「悪いことはしていい。でもウソはつくなよ。素直にごめんなさいだ」と言っていました。

小学校2年生のとき、経済的理由で沼津市にある児童養護施設「松風荘」にきょうだい三人で入所しました。

施設での生活

私の育った松風荘では、中学生・高校生が中心となって子どもの集団を創り、その援助を大人がしていました。行事も、生活における約束事や役割分担も、子どもたちが中心となって話し合って決めていました。松風荘は、子どもたち自身が暮らしを創る施設というか、大きな家と言えます。他者を思いやり、助け合うという、先代の園長先生が大切にしてきた「子どもと大人の育ちあい」がずっと生きています。それは昔から変わっていません。卒園した今でも松風荘に里帰りするとそう感じます。

学童期にはいろいろな「体験・経験」をたくさんさせてもらいました。近くの海岸での飯ごう炊さん、大瀬崎キャンプ、伊豆大島サイクリング、金時山ハイキング、子ども主体で創る希望行事などです。その他に誕生日会や季節行事のクリスマス会、餅つき大会がありました。季節の行事も形式的ではなく、準備や運営から子どもたちが主体となり、話し合いを重ねて創り上げていました。その過程での大人との関わりや一緒に何かを創り上げたという、「やらされている」感のない思い出は、楽しさと共に記憶に強く残っています。

中学・高校時代は施設での経験で身に付いたリーダーシップを活かし、学校での行事の企画・運営やボランティア活動などに積極的に参加していました。施設での経験が学校で活きたことで友人の輪も広がり、本当にうれしかったです。小学校5年から高校3年まで学級委員を続けた経験はいろいろなことへの自信につながったと感じています。

私は小学校から高校まで良い先生に恵まれ、将来の夢として教師や児童養護施設の職員を思い描き、大学への進学を考えるようになりました。そのために必要な奨学金の応募および入学試験のための小論文をこれでもかというくらい毎日書いては直し、また書いてという日々を送っていました。加えて高校2年から始めたアルバイトで多忙な日々でしたが、多くの人にサポートをしてもらい、毎日の生活を送ることができました。感謝の気持ちで一杯です。

先代の園長先生の願いとは

「松風荘」の初代園長は積惟勝先生という方です。私自身が積先生を深く知ったのは、大学に入ってからです。積先生は小学校教員、虚弱児施設を経て、1945年より松風荘の園長、日本福祉大学の教授をされていたそうです。また、全国児童養護問題研究会（養問研）の創設者であり、初代会長でもあります。積先生は集団の持つ優位性を最大限に生かした「集団主義養護論」を提唱され、松風荘で実践されてきました。この「集団主義養護論」に関してはいろいろな捉え方や見方があると思います。誤解している方々も多いようです。

積先生の本当の願いや伝えたかったことは何か、そこを探究することはなかなか難しいことだと思います。提唱した中味として、人間性は集団の中で育つ、施設の主人公は子どもたちである、育ちあう集団・生活・施設づくり、を挙げています。積先生が子どもたちのためにやられてきたさまざまな養護実践は、子どもたちのことを第一に考えての実践であったと思います。また今の社会的養護にも必ず活きています。日本の社会的養護はきっとこれからです。今こそ積先生の実践に真に学ぶときだと、そう感じます。

学童保育所との出会い

学童保育所との出会いは大学2年のときだったように記憶しています。新しい発見ばかりの日々でした。この出会いが自分を大きく変えたように思います。物事の捉え方や人との関わり方が何か変わった気がします。

ここからは少し学童保育所の勉強タイムについて書きたいと思います。勉強タイムとは、言うまでもなく「宿題をやろう」という時間です。学童保育所では学校から帰ってきたら、まず宿題に取り組むことを習慣にしています。強制的にやらせるのが目的ではなく、その子が自らやろうとする自主性を育てたいという一致点を持ちながら、指導員も日々子どもと一緒に取り組んでいます。

勉強を見ていると、話しながらやる子、集中してやる子、ゆっくりやる子、テキパキやる子などなどいろいろな様子が見られます。ある日の勉強タイム中、ある1年生の女の子が、なかなか算数のプリントができなくて、三回もやり直していました。その子は頑張って何度も直しては見せに来ていましたが、なかなか終わりません。私は考えました。「せっかくこの子は自らやろうとして頑張っているのにどうしたらいいか……。そうだ！　自信をつけてほしいから仲間の力を借りよう」とある2年生の女の子に頼みました。私が「あの子、算数が難しいみたい。だから助けてあげてほしい。教えてあげてくれる？」と言ったら、「いいよ！」とうれしそうな返事が返ってきました。お互い楽しそうにやっている姿を目の当たりにして、これって本当に共に育ちあっているなと思い、感激したのを覚えています。子ども社会で子どもたち同士の関わりは非常に大きな経験だと改めて思いました。また乳幼児期・学童期の子どもたちにもっとたくさんの仲間と関わり、いろいろな感情を思いっきり出してほしいと感じました。

私は子どもと共に育ちあい、常に探求していく人でありたいです。日々が新発見の連続で、本当にうれしいことです。今後ともみんなで研鑽し、子どもが群れの中で思いっきり育つ環境を創っていきたいと思います。

親への思い

ある日、職場の園長先生から「母親を探したほうがいいよ」「きちんと整理しておくほうがいい」との後押しもあり、戸籍謄本を辿って母親を探し始めました。探して、母親の所在がわかりましたが、母親はすでに他界していました。そのとき「探すのがもうちょっと早かったらな」という気持ちになり、涙が込み上げてきました。

母親との関わりの記憶は全然ありませんでしたが、施設での充実した暮らしを思い出すと、「生んでもらっていなければあの日々も、今もない」という気持ちになり、「生んでくれてありがとう」と強く思いました。

父親にも母親にも「感謝」の二文字です。どんな理由で離婚したのか、本当のところは誰にもわかりません。けれど、どんな親でも親。これだけは変えられない事実です。また、子どもを愛さない親はいないと思います。今、こうして大人になって、子どもと関わっていてそう感じます。

記憶にはないけど、母親と過ごした乳幼児期で培った「人」としての基盤が自分にはある気がします。それがあったから施設でも安定した、楽しい暮らしが送れたのではないかと思います。生きていることが本当に幸せで楽しいです。

蛯沢 光（えびさわ・あきら）◉1986年、東京都で生まれる。7歳から児童養護施設松風荘に入所し、高校卒業まで生活する。卒園後は、日本福祉大学社会福祉学部に進学する。現在は愛知県の学童保育所「ひまわり・あさがおクラブ」の指導員として勤務をしている。また、社会的養護の当事者推進団体「なごやかサポートみらい」の事務局長として活動している。好きな言葉は「いつでも、どこでも、だれとでもやれる自分づくり」。

歩み出す一歩を支えてくれる言葉

河口智美

私の家族

物心ついたときには兄と母と三人、母子寮（現在の母子生活支援施設）で生活していました。兄とは父が違い、兄の父はすでに他界していました。私の父は……正直、今でも興味がありません。俗に言う「愛人の子ども」で、私は認知をされていないことを高校のときに取り寄せた戸籍で知りましたが、父親の欄が空白だったことに対して、何も思いませんでした。中途半端に馴染みのない名前が記載されているほうが、きっと心に痞《つか》えたと今でも思います。

3年前にまだ健在だということを知って、一度だけ電話で話をしました。父に対して特別な感情は薄いのですが、それでも緊張しました。電話を切った後、私にとって父親と思えるものは何もないと、そう感じました。どこかで元気に暮らしているのならそれでいいと思いました。

兄とは10歳年が離れていて、小さい頃から今でもたくさんの愛情をもって私に接してくれます。きっと兄がいなかったら自分の置かれた環境を憎み、「河口智美」でいることが本当に嫌になっていたかもしれません。家族がいる喜びを、言葉では表せない優しく温かな幸せを、私に教えてくれたのは他の誰でもない兄でした。

私の母は……「女」でした。母親ではなく、女性という生き方を歩んだ人。そう感じます。私にはもう一人家族がいます。2歳下の弟です。弟は、生後間もなく亡くなったと高校のときに知りました。聞いた瞬間お葬式の映像が頭をよぎりましたが、それが記憶なのかどうかはわかりません。お姉ちゃんと呼ばれたことはないけれど、思い描くだけでなんだか愛おしくなります。きっと天国から見守ってくれていると思います。

母との生活

母子寮を出て、三鷹の都営住宅に引っ越したのは小学1年のときでした。それから施設に入るまでの4年間、あっという間だったような、とてつもなく長い時間だったような……ただただ私は幼い子どもでした。

都営住宅に引っ越した当初は初めて家にお風呂があることや、自分の部屋もできて新しい生活にワクワクしていたのを覚えています。

団地に引っ越してからしばらくして、兄は家を出ました。それから母と二人の生活が始まりました。母との生活は印象的なことしか記憶になく、今でもふと何かの拍子に思い出したりします。昼間の仕事もしていたようですが、大半はおそらく水商売で生活費をまかなっていたのだと思います。

夕方、母がお化粧している後ろ姿を見るのが嫌でした。その姿を見ていると、不安な気持ちが心を襲いました。それでも仕方がないのだと自分に言い聞かせ、出かける母を見えなくなるまで見送る毎日でした。

母が付き合っていた男の人は何人も見てきました。男の人と母が抱き合っている姿を見て、ゾッとした覚えもあります。優しい人もいましたが、幼い私に性的な感情を抱く人もいました。きっと母は今でも知らないと思います。

その中で私の記憶に強く残っている人がいます。その人は、あるときから家に居候するようになりました。その頃から生活がおかしくなり、金銭的にも大変になっていったように思います。

妻子持ちの人でしたが、とにかく私に厳しい人で勉強や礼儀作法、言葉遣いまで厳しくしつけられました。毎日お酒を飲んでいて、気分の落差が激しい人でした。その人の機嫌をいつも窺って、その人の前では、ただただ体中が硬直し、張り詰めた糸のように緊張しました。

いまだにその人が飲んでいたお酒のビンを目にするたびに、動悸と脂汗が出ます。

常に自分の子どもと私を比較し、「お前はバカだ」「できない子だ」と言われ続けました。そんなある日、学校で習っていないことを教えられ、当然私はできませんでした。「習っていません」と言うと、「そんな筈はない！」と怒り、私を台所まで連れて行き、フローリングに菜箸を並べ、その上に正座させられました。罵声の中、菜箸が足にゴリゴリと食い込んで激痛が走りました。次第に下半身の感覚がなくなり、涙も止まりました。その後何時間たったのか覚えていませんが、友達と友達のお母さんが訪ねてきてくれて私は解放されました。

意識が飛びそうになるなか考えていたことは、その人への怒りよりも母はなんで助けてくれないのだろうとそればかりでした。母は泣いていました。

あの日の出来事、母の目にはどのように映っていたのか、大人になった今でも聞いたことはありません。

それからもその人は相変わらず厳しく、ご飯をお代わりしたら胃が大きい病気だと言われ、少ししか食べさせてもらえなくなりました。夜中、母はその人の目を盗んでおにぎりを作ってこっそり食べさせてくれました。それでも栄養失調で倒れたりして、気持ちの問題以前に身体的に厳しかったです。そんな生活が続く中、気がついたらその人は家に来なくなり、それと時期を同じくして、母も家にいることが少なくなり、次第に帰ってこなくなりました。

食べるものもなく電気もガスも止まり、ひどいときには水道も止まりました。借金取りの人が家まで来てドアチャイムを何度も鳴らし、扉をドンドンと叩きました。それが怖くて布団をかぶり真っ暗のなか気配を消していました。母からはたまに連絡があり、会えました。会うのは外か、その居候していた人が借りていた家でした。時々少しのお金を渡され、そのお金でご飯やお菓子を買いました。

それは、母の日のことでした。手元にあったお金でご飯を買うのを我慢して、カーネーションを買ったことがあります。でも、母は帰ってきませんでした。花をゴミ箱に捨てたとき、心のどこかで「やっぱりね」その言葉が浮かびました。

ひどい生活だったと思います。学校にも行かなくなりました。部屋の中は荒れ放題ですごく汚く、虫もわいて今思い出すと鳥肌が立つほどで、とても生活できるような空間じゃなかったと思います。

約束

そんな生活を続けていて、周りの大人が気づかないはずがありません。私の知らないところでいろんな大人の人の想いと、動きがあったのだと後から知りました。

夏でした。担任の先生から「7月〇日の〇時に必ず学校に来なさい！　智美を助けたいから必ず来なさい！」と話をされました。子ども心にどこかに連れて行かれると感じました。

担任の先生からの話を母に会ったときに伝えました。母は手をつなぎ、歩きながら私にこう尋ねました。「お母さんと一緒に来る？」私は「うん」と頷きました。母は私に迎えに来るからと約束して家を出ていきました。

私はそれから何日も家で母を信じて待っていましたが、とうとう先生との約束の日になってしまいました。私は学校には行かず、家で一人、約束の時間が過ぎるのを待っていました。過ぎてしまえば大丈夫だと思っていたのかもしれません。

そのうち玄関先に人の気配を感じ、チャイムが鳴りました。先生が何度も私の名前を呼んでいた気がします。でも、私はドアを開けようとしませんでした。

頭がボヤっとしていました。白くボヤっとする頭の中に「智美、ここを開けて」と私を呼ぶ声がはっきり聞こえました。それは、久しぶりに聞く兄の声でした。

あの日、その場にいた大人たちはどんなことをしてでもドアを開けたと思います。でも兄がいなかったら、私が自らドアを開けることは永遠になかったと思います。

こうして私は保護されました。母に対して、二度目の「やっぱりね」を思った瞬間でした。

児童養護施設での生活

児童養護施設での生活、それは私の人生最大の「宝物」です。

保護された私は、児童相談所で1か月程過ごしました。児童相談所は消毒液の臭いと、門がいつも閉ざされていて外に出ることはできず、閉鎖的な印象でした。それでも一番年上だったので下の子は可愛かったし、1日三度もあるおやつの時間はうれしかったです。何よりお風呂に入れて、きれいな洋服が着られて、ご飯が食べられることに感激しました。

その後、児童養護施設（学園）に移りました。入所した日は8月24日、ちょうど盆踊りの日でした。

それから8年半、高校を卒業するまで学園で過ごしました。学園での生活は成長するにつれ不満が募りました。発散しきれない苛立ちで、周りの子どもにも職員にもたくさん迷惑かけました。不安がゆえに先のことを考えようとせず、好き勝手やって困らせました。それでも周りの大人たちは私を見ていてくれました。本気で叱られました。本気で突き放されました。本気で手を差し伸べてくれました。私を救ってくれました。それは確かに「愛情」でした。

そう心から想えたのは、学園を卒園した後でした。私に関わってくれた子どもたち、職員に対して、今はただ感謝しかありません。今でも、あの台所の壁に刻まれている身長の落書きを思い出すたびに、なんだか強くなれます。

学園にいれたからこそ出会えた人たちが、今も私を支えてくれています。学園での出来事、出会いそのすべてがかけがえのない宝物です。

向き合わなければいけないこと

ずっと逃げていること、それは母とのことです。学園に入って最初の半年ぐらいは何度か会いましたが、その後8年間、私の前から姿を消しました。母から連絡があったのは高校3年の誕生日でした。次の日に会いに来ると言ったのでバイトを休んで待ちましたが、その日は来ませんでした。三度目の「やっぱりね」でした。翌日、バイト先に学園の職員から母が学園に来たと連絡が入りすぐ早退したものの、帰る気にならず気持ちが落ち着くまで親友の家にいさせてもらいました。学園についたら、職員が門のところで待っていてくれました。

母との再会です。嗚咽《おえつ》するほど泣きじゃくるとか、抱きしめあうとか、うれしくて感極まるとかTVで見たことのあるような瞬間とは全く異なり、それはとても静かな再会でした。私はすごい泣き虫で、悔しい・悲しい・うれしいといった感情ですぐ泣きます。その私が再会のときだけは一滴も涙を流しませんでした。8年ぶりに見る母は、年齢を重ねそれなりに老いた印象を受けました。同時にふっくらしている姿に「よかった」と言葉にしたのを覚えています。

その年に、私は学園を卒園しました。

母と再会して12年が経とうとしています。その間、無理しない程度に距離を保ち接してきました。短い間でしたが、一緒に暮らしたこともあります。

でも、今もなお母と一度も向き合ったことがありません。これから時間をかけて向き合ってみようと思います。私の目に映ったもの、思ったこと、感じたこと、すべてを話し、向き合ってみようと思います。

それは未だに私の中に「大好きなお母さん」と思っていたあの頃の幼い私がいるからです。

追伸

当初、児童養護施設での生活を中心に書こうと思っていました。すでに書いたとおり、もはや感謝の気持ちが強く、こんな温かい施設もあるって話でまとめたと思います。それも確かに伝えたいことでしたが、この縁を私なりに大切にしようと思い、自分の過去・母への思いを綴りました。結果、過去形の締め括りに至らず、現在進行形という形になりました。もしかしたら終止符を打てることはないのかもしれません。成人を迎え、大人と呼ばれるようになってもなお、いろんな痞えや葛藤を抱え、もがきながら過ごしているそんな施設出身者の方がたくさんいるのが現実なのかもしれないと思えました。

どうか未来ある子どもたちが福祉で守られているところから離れたとき、それでも立ち向かっていけるような、歩んでいく力になるような、そんな心を支える言葉をかけてあげてください。

卒園するとき、職員に「卒園してまであんたの面倒みていられないからね」と笑顔で言われました。真意に親心のこもった温かい見送りの言葉でした。「うるさいな〜、わかっているよ！」と言いながら、私は笑って施設の門を後にしました。

今でもその言葉は、私の背中を優しく押してくれています。


河口智美（かわぐち・ともみ）◉1982年、東京で生まれる。小学校4年のとき、家庭の事情により児童養護施設に入所、高校卒業まで生活する。現在は、施設にいた頃出会った多くの仲間、心許せる友達に囲まれ楽しく充実した日々を送っています。泣いてもまた笑える強さをずっと持ち続けていられるようなそんな女性になりたいと思っています。

生きるために必要なことは施設で学んだ

松井啓介

施設に入るまで

私は、1990年12月23日に、両親の長男として生まれました。出産は予定日より一か月早く、生まれてすぐ保育器に入れられ育ちました。そのためか小さな頃から病弱で、よく病院に通っていました。物心ついたときにはもう母親と二人暮らしで、父親は時々会いに来る程度でした。実際には、両親は私が2歳のときに離婚していて、私は母親の知人や叔母に時々預けられていました。

5~6歳のとき、家に一人でいる時間が多かったです。母親は夕方頃に帰ってきてまた夜には仕事に出かけていきました。そのためか、私は近くの児童センターや公園によく友達と遊びに行き、門限を守らないことが多く、そのたびにきつく叱られましたが、次の日には忘れ、母親に何度も同じことで怒られていました。

しかし私は、それに懲りずに門限を守らず、むしろだんだんとエスカレートして、万引きをしたり、母親のいない夜に家を抜け出して外に遊びに行くようになりました。夜の補導など警察の世話になることが多くなり、警察署に連れて行かれることもありました。多分このときは、警察署に連れて行かれれば母親が迎えに来てくれて、私にかまってくれると考えていたのだと思います。しかし、私の素行の悪さに比例して母親のしつけは強くなり、ハンガーでたたかれたり、後ろで手を縛られたり、外に出られないよう靴を隠されたり、風呂場に閉じ込められるようになりました。このときはもう母親は恐怖の対象でしかなく、母親がいなくなったらなんとかして家から抜け出して、友達の家や父親の家に行くようになりました。しかしいつまでもそこにいるわけにはいかず、母親の元に返され、そのたびに暴力を受けていたのです。そのうち父親が知らないうちに引っ越してしまい、頼れる場所がなくなって夜一人で歩くようになりました。このときは、本当にやさしくしてもらえれば誰でもよかったです。夜に一人で歩いていると、知らない誰かに声をかけられ、家に呼ばれ世話をしてもらったこともありました。そんな誰かも知らない人でも母親のところに帰るよりはましで、何度か知らない人の家に泊まったこともあります。

施設に行くことになったのは、これを何度かくり返した後でした。帰りが遅くなり万引きしたことが母親にばれて怒られ、母親が少し外に出たときに隙を見て家を抜け出し、一人で夜歩いているのを小学校の同級生の母親に見つかったのです。同級生の母親は警察を呼んで少し話をしていました。もう何度も世話になっているお巡りさんでした。とりあえず母親の元には戻りたくなかった。それを先方でも察したのか、いつもとは違うところに連れて行かれました。着いたのは夜で、色つきのめがねをつけたおじさんが対応してくれました。私の全身に痣があったためか、写真を撮られたのを覚えています。次の日にほかの子どもにも会い、ここが一時保護所というところだと教えてもらいました。一か月近くをここで過ごした後、面会に来た父親から「ここよりもっと良いところがあるからそこに移るか」と言われ、行った先が児童養護施設でした。

施設に入ってから

児童養護施設に入ったのは小学校1年の夏休みのときで、覚えているのは同じくらいの子がたくさん住んでいてびっくりしたこと、初めて部屋を紹介されたときに一人の男の子がすごい勢いで飛んできて部屋や施設内を案内してくれたことです。施設での生活は、一時保護所よりも自由で、好きな時間に門限までなら外に出ることができ、お小遣いももらうことができて、一時保護所とは全然違いました。子どもの人数も一時保護所より多く、一人ひとりに担当の職員が付いていたことが驚きでしたし、いいことも悪いことも多く経験することができました。

施設には、高校三年生から小学校一年生、それ以下の年齢の子もいました。小学校一年生から入った私は、年上の寮生を慕うとともに恐れていました。年下はいじめにあう標的だったからです。私はここで初めていじめを受けました。いじめにあうのは大体が周りとは違うことをして、それが目に付いた場合、標的にされました。いじめをする奴らは大体が派閥を作っていて、取り巻きと一緒に標的を攻撃します。標的に対して無視したり物を隠して困らせるなど、思いつく限りの嫌がらせをしてきますが、暴力をふるうことは職員にばれることがあるのであまりしませんでした。ほとんどが精神的にダメージを与える行為であり、今でも思い出したくないものばかりです。風呂場で小便をかけられたり、飲まされたりしました。唾をかけられたりすることもありました。解決するには職員に相談するか、年上の寮生に止めてもらうしかないのですが、それを行えば「ちくり」とみなされ、その場ではいじめを止められても、その鬱憤を晴らす対象が私たちであるかぎり、それ以前よりもいじめはひどくなり、また職員に見つからないような陰湿なものになっていきました。小学生のうちなら、職員と一緒に風呂に入ることで暴力の跡が気付かれるので、暴力を受けることが少ないのです。しかし、小学校の高学年や中学生になれば職員と風呂に入ることが少なくなるので、暴力を受けることも多くなりました。陰で行われるいじめに対して職員もなくそうと努力はしますが、四六時中一緒にいられるわけではないので、いじめも高度になってきます。結局はいじめの標的にならないために目立たないようにするしかありませんでした。そのためいい意味でも悪い意味でも、上下関係がすごくはっきりしていました。

しかし、マイナス面だけではなく、多くのプラス面もありました。私は育った環境のため感情のコントロールが下手で、小学校ではやんちゃではすまないようなことを何度もしました。学校を休むことはほとんどありませんでしたが、授業中、暴れたり授業を抜け出したりしていました。授業を抜け出すだけならばまだしも、学校を抜け出すなど、先生にかなり迷惑をかけたと思います。授業中なのに、友達が探してくれたこともありました。寮でも同じように、少しでも気に食わないことがあれば暴れたり、夜は脱走したりで、本当に周りの人に迷惑をかけていたと思います。でもそのたびにみんなきちんと向き合ってくれて、寮で脱走したときは職員の人が必死に走り回って探してくれたし、暴れているときは何時間も取っ組み合いをして落ち着くまで付き合ってくれました。小学校でも、保健室の先生が落ち着くまで話してくれました。そして悪いことをしたら真剣に叱ってくれました。おかげで、少しずつですが、みんなと同じことをできるようになりました。中学生になる頃には、みんなと同じことをすることが楽しくなり、小学校の頃から一緒だった友達が何人もいたおかげで、部活にも入り、友達もたくさん作ることができました。完璧とはいきませんが、感情のコントロールができるようになり、普通に中学生活を送ることができたと思います。小学校からの友達も驚いていたほどで、成長したのだと思います。そして、高校への進学を考えて勉強するようになりました。しかし、小学校の頃に習っていることを理解していなかったので、みんなと足並みをそろえることにすごく苦労しました。勉強がわからなくて暴れることが何度かあり、これまた寮の職員は手を焼いたと思います。職員は、そんな私にわかりやすく説明してくれて、さらには学習ボランティアが家庭教師として勉強を教えてくれたので、そこそこ勉強はできるようになって、高校も無事受かることができました。

学校生活と同じように、8年以上いた寮でもいろいろなことがありました。イベントはたくさんあったし、部活動のようなものがあり、私は吹奏楽、美術部に所属していました。ほかにも柔道や英会話など多くを学べる環境がありました。小学校では鼓笛隊があり、その関係でトランペットを教えてもらい、地域交流として演奏したりもしました。美術部で、工作のほかに夏休みの合宿で新潟に行って海で遊んだり、青梅に行って焼き物を作ったりもしました。そのほかにも、山登りやサイクリングなどいろいろな行事を寮が企画してくれて、これらの豊富な体験を話すことで、施設外の友達との会話にも劣等感を感じることなく入ることができました。

施設を出てから

中学を卒業してからは、父親の元に帰ることになりました。農業高校に進学し、長くいた場所から遠く離れた場所に引っ越し、周りに知り合いのいない環境に置かれることは不安でしたが、人懐っこい性格のおかげかすぐに友達ができ、部活にも所属し、不安はすぐに解消されました。

勉強も普通についていくことができたし、さびしいときは中学の頃の友達が遊びに来てくれるなど、かなり楽しい高校生活をおくることができました。親もこれには喜んでくれて、部活で朝早く家を出るのに合わせて、私よりもっと早く起きて弁当を作ってくれました。それにこたえるために部活や勉強に専念しました。部活では何度か入賞したこともあります。勉強では大学進学の推薦がもらえるようになり、そのおかげで東京の短期大学に進学することができました。

高校の卒業式の日に、突然母親から連絡が来て、祖母が危篤だと言われました。母親とは何年もまともに連絡を取っていませんでしたが、こうして母親と会うことになりました。すぐに祖母の病院に連れて行ってもらい、何年かぶりに祖母とも会いました。危篤と言われていましたが思いのほか元気で、小さい頃の話をたくさんしてくれました。短期大学に進学することを伝えると、大学に行けるくらいまともに育ったのかと、とても喜んでくれました。そして母親や自分がまともに育ててやれなくてごめんと謝られました。大学は頑張って卒業してほしいと言われ、私も頑張ることを約束しました。また会いに来ると言って別れた数日後、祖母は亡くなりました。しかし祖母が亡くなったのがきっかけで、母親ともまともに接することができるようになり、小さいときのことを聞いたり、昔お世話になった人にあいさつができました。母親が言うには、祖母は初孫の私が生まれたことを本当に喜んでくれた一人だったそうです。祖母と最後にした約束を守るために一生懸命勉強しました。その結果、無事に卒業できて、卒業後は北海道の4年制の大学に編入することになりました。親もそれを後押ししてくれて、今は北海道の大学で学んでいます。

施設に思うこと

今の自分があるのは施設での生活を体験したからだと思います。小学生から中学生の時期は人格形成のかなり重要な時期で、私はそのすべてを施設で生活しました。高校まではこのことを特に隠すこともなく生活しており、仲のいい友達はみんな知っていたし、それを受け入れてくれました。しかし、高校を出てから、大学という小さな社会では受け入れてくれる人は少なかったです。実際、就職活動をするうえで学校の先生には施設での生活のことは隠すように言われているし、機会があって私のことを全く知らない人に質問してみても、施設で生活したことを良く思う人は少なかったです。

しかし私は、施設での生活を経て、社会に出ていくためにとても重要なことを得ることができたと思っています。上下関係やコミュニケーション能力などは、施設での生活で身につけたものですし、実際、施設を出て6年間、今は大学に身を置いていますが、人との関わりで困ったことは少なかったです。本当に困ったのは、人と付き合ううえで私が施設を出ていることを明かしても、施設のことを知らない人が多いということでした。ただ悪い場所だと思っている人がいることであり、理解してくれない現実です。しかし、小さい頃から団体行動を経験することで今の生活がスムーズに送ることができているのは確かだし、それは施設での生活のおかげだと思います。ただ、施設を出ていることを隠したくはないのに周りがそれを受け入れてくれない、身近な人でも施設を出てるというだけで少し距離を感じるほど特別視されるということのほうが問題だと思います。だから今回これを書いたのは、施設をちゃんと理解してもらいたいと思ったからで、少しでも施設を出た人が特別視されない社会になってほしいと思います。

松井啓介（まつい・けいすけ）◉現在、北海道の大学に進学し、農業について学んでいる。施設では、小学校一年生から中学三年生までの間生活し、高校からは父親に引き取られ、父と義母の三人で暮らし、母親（実母）とも和解している。

施設に入所して私は変われました

坂井田美穂

一度目の母の失踪

私は、1991年5月2日に生まれました。あまり細かいことは覚えていないのですが、私が幼稚園の年少か年中のときに母が失踪しました。それは突然のことで、まだ小さい私は状況が全くわからず、兄と一緒に母が帰ってくるのを待っていました。その後の生活は、父が世話してくれてすごく優しかったのを覚えています。私と兄の幼稚園に行く準備をしてくれ、私の髪をといてくれました。そのときのうれしかった気持ちは今でも覚えています。しかし、その生活は長くは続きませんでした。

その頃私は、母がいないことが不安で夜寝付きが悪く、夜遅くまで起きていることがありました。そんなとき、父が誰かと電話している声を聞いたのです。「子どもを引き取ってほしい」「俺は子どもが苦手なんだ」。その言葉を聞いたとき、私は自分がどこかほかの場所に行かされるとわかりました。その数日後、やはり父から母方の祖父が私たちを引き取りに来ることを知らされました。私の気持ちはそわそわと胸を締め付けるような感じがしたのを覚えています。そのときの私と兄は泣きませんでした。代わりになぜか父が泣いていました。「ごめんな、ごめんな」と私たちに謝っていたのを覚えています。そしてその数日後、祖父が迎えにきました。そのときもまた私の胸は締め付けられるような感じがして、祖父の手を握りながら涙が出てきました。

祖父の家

引き取られた祖父の家はすごくぼろくて、外に共同のトイレがあり、風呂なしのアパートでした。そのアパートは祖父以外に曽祖父も住んでおり、夜眠るときは祖父の部屋でしたが、食事などは曽祖父の部屋でそろって食べていました。私たちは数年間、祖父と曽祖父と一緒に生活をし、私は近くの保育園に、兄は小学校に通いました。そのときの記憶は大きくなっていたのもあったのか、よく覚えています。

私たちは祖父のことを「小さい爺ちゃん」、曽祖父のことを「大きい爺ちゃん」と呼んでいました。小さい爺ちゃんはとても優しくて、大きい爺ちゃんはとても厳しい人でした。小さい爺ちゃんとの思い出は、お金がないので毎日とはいきませんが銭湯に連れて行ってくれたり、コンビニで買える１０５円のチョコのお菓子を買ってくれたりと、一緒に過ごす時間が多くありました。大きい爺ちゃんはとても厳しい人なので、テレビアニメを見ちゃいけないなどはありましたが、休日には東山動物園に連れて行ってくれたりしていたので、私たちのことを嫌いだったわけではないのだと思います。

しかし、祖父たちの生活は貧しく、二人の子どもを養うだけの経済力はありませんでした。私が小学校一年生の頃、一時保護所に入ることになりました。

一時保護所での生活

一時保護所は集団生活で、部屋は男女分かれていました。そこは児童養護施設と一緒でさまざまな年齢の子どもたちがいて、自分よりもはるかに年齢が上のお兄さんやお姉さんがたくさんいました。お姉さんたちは優しく私に話しかけてくれましたが、私は甘え方がわからず拒んでしまい、お姉さんたちには私の評判はよくなかったと思います。環境に馴染めず、不安な気持ちを落ち着かせることができるのは兄と話している時間だけでした。兄は男子部屋にいてめったに顔を合わせることはできませんでしたが、男女を分けている中央の階段があって、そこでたまに顔を合わせ、これからのことを話し合ったりしました。兄と話すと、自然となんとかなるのだろうと感じることができました。祖父たちが私たちを心配したからか、数か月間で祖父たちが迎えに来ました。一時保護所を出ることができたとき、とても安心したのを覚えています。

母からの電話

一時保護所から私たちを引き取った祖父たちは、経済的に良くなったわけでもなく生活は苦しいままでした。祖父は私たちの前では「大丈夫。心配しなくてもいい、もう保護所には行かなくてもいい」と言ってくれました。その言葉は心強かったですが、曽祖父のほうは「もうかなわん」「もうかなわん」と苦しみを表に出すようになっていました、私たちがここにいることが迷惑になっていることがすごく理解できました。そして、私たちは家にいることが苦しくて外で遊んでばかり、遊んでいる時間は楽しくて気持ちが和らぎました。そんな状況のある日、いきなり母から電話がありました。

母の声は優しく最初知らない人だと思って、よそよそしく会話しました。その会話の内容は私たちを引き取りに来るということでした。私は急な出来事に戸惑い、一緒に暮らしたくはないと感じていました。しかし、祖父たちの経済状況が限界であったのもわかっていたので言い出すことはできず、母の申し出に了解しました。その電話からだいぶ時間が経ってから、母は私たちを引き取りに来ました。

私の不登校

母に引き取られてから、私たちは新しい学校に通うことになりました。そのとき、私は小学校2年生、兄は小学校3年生でした。最初は頑張って学校に登校していたのですが、内向的な私はどうしても友達が思うようにできず、勉強も遅れがちだったので学校がどんどんつまらなくなり、私は学校を休むため母に嘘をつくようになりました。しかし、嘘をついてずる休みしたとしても学校から母には連絡がいくので、休むたびに母に怒られました。母は毎回同じことを言いました。「何で普通のことができないの」「どうしてママを困らせるの」。私は何も言えませんでした。行かなきゃいけないことはわかっていたし、行けるようになったら楽しいとも思っていました。そのときの私にとって、学校に行くことはすごく難しいことでした。

母の再婚

私が小学校3年生の2学期の頃、母から新しい父を紹介されました。新しい父は母よりもだいぶ年齢が若く、私たちにとっては、父というよりは少し年の離れた兄のような人でした。私はその人を新しい父として認めることができませんでした。そこで私はずっとこのまま三人で暮らしていきたいと母にお願いしましたが、母はもう一人では限界なのだと私に言いました。私はそれ以上何も言うことはできませんでした。そして母は再婚し、私たちはまた転校することになったのです。

四人での生活

母は環境が変わることによって、私が学校に通えるようになることを期待していましたが、うまくは行きませんでした。私はやはり学校には馴染めず不登校を続け、家にいると怒られるので、朝は普通に学校に行くふりをして出かけ、外で本を読んだり空を眺めたり、人にばれないように気をつけながら静かに毎日を過ごしていました。しかし、やはり学校から親に連絡がいって怒られました。

私に妹ができた

新しい父と母の間に女の子が生まれました。私は、自分がお姉ちゃんになったことがすごくうれしかったことを覚えています。妹にミルクをあげたり、少し嫌だったけどオムツを替えてあげたりと、妹のことが大好きでした。

二度目の母親の失踪

私は妹ができても不登校を続け、中学生になり、しまいにはたまに行く学校でいじめられるようにもなっていました。理由はきっと、学校に行ってないこと、洗濯していない服を着ていたこと、髪も伸ばしっぱなしで不潔感があったこととか、理由はたくさん考えられました。そしてその頃、母と新しい父との仲も悪くなっていました。

父と母は毎晩のように喧嘩をくり返すようになり、家の空気は最悪なもので、二人が怒鳴り合う声を聞くことがすごく嫌でした。しかし、私たちは止めることもできず、静かに大人の出す答えを待ち続けることしかできませんでした。そして私が中学2年生の頃、母はまた私たちを置いて出て行きました。母がいなくなってからの数日間、妹は新しい父との子なので、新しい父の実家に引き取られ、行き場のない兄と私は、母が迎えにきてくれることを信じて待ち続けました。しかし、迎えに来ることはありませんでした。限界を感じた私は、学校の先生に母がいなくなったことを報告し、数日後、児童相談所の職員が私たちを保護しに来ました。私たちはまず一時保護所へ保護され、しばらくして兄は中学卒業だったので就職を希望し、私はまだ義務教育が一年残っていたので、児童養護施設に入所することになりました。

施設入所

私が不登校だった期間は長く、人とどう話せばいいのかもわからないし、勉強も中学生なのにローマ字もわからない、数学は小数や分数から始めなければいけない状態で、施設に入所してすぐに学校に登校することができませんでした。そこで、私は中学校にある特別支援学級に入ることになりました。そこでは先生とマンツーマンで学力を追いつかせるための努力をし、少しずつ自信をつけることができました。そんな毎日を過ごしているうちに、やっぱり高校に進学したいという気持ちを持つようになり、目標に向かって勉強し続けました。そして、施設に近い公立高校に合格することができました。

高校入学、そして短大に向けて

高校に入学して私は弓道部に所属し、不登校だった私が一日中学校にいる生活が始まりました。辛いことがあってやめたい気持ちになったこともありましたが、施設の先生、学校の先生、弓道部の先輩や友達に支えられ続けることができました。勉強のほうも、入学した高校は基礎からやり直してくれるところだったので、目立って遅れをとってしまうこともなく、無事に高校生活を送ることができました。

そして、三年生になったとき進路について悩むことになりました。私は進学したいという気持ちが大きくありましたが、高校卒業までしか施設には在籍できず、そのうえ進学したとしても、学費問題、生活費問題、住まいの問題があり、行きたいからといって簡単にはいかないことが問題でした。そんな状況のなかでも、施設の園長先生や担当の先生は反対しませんでした。一緒に悩んでくれて、前向きに進学について考えてくれました。

私は高校の先生にすすめられた県立の短期大学を受験することになり、無事に合格して、学費などは児童養護施設後援会補助のお金を使わせてもらうことになり、他にも多くの方々に助けていただき、奨学金を借りずに進学できることになりました。住まいの問題は短大卒業まで施設にある退所児童自立支援ホームにいさせてもらえ、安心した生活を送ることができ、友人との思い出を作ったりすることができました。そして今年、短期大学を卒業し就職します。
短大卒業まで施設にいることができて、たくさんの困難なこともありましたが、多くの人に助けていただき、そして見守っていただいて、私は多くのことを学び、自立するための準備をすることができました。この感謝をいつの日か返すことができるように、これからも頑張っていきたいと思います。そして、つながりを大切にして生きていきたいと思います。

坂井田美穂（さかいだ・みほ）◉小学生の頃から不登校が始まり、中学2年で母親が失踪し、児童養護施設に入所しました。そこからは、高校、短大と進学するため、猛勉強しました。現在は就職し、日々成長できるよう頑張っています。

さまざまな人との繋がりを得て

徳廣潤一

生い立ち

私は高知県で生まれ、1歳のときに、姉、兄、弟と母の五人で大阪に出てきました。現在きょうだいは五人です。私たちが大阪に出てきて少しした頃に父が大阪に出てきたのですが、母への暴力のため、母子生活支援施設に入ります。部屋はあまり広くはありませんでしたが、家族五人で暮らすのには、良かったと思います。

小学校1年の春に母子生活支援施設を退所し、母には暴力を振るわないという約束で、父と一緒に暮らし始めます。一緒に暮らし始めた当時の父は普通に働いており、印象的には良かったと思います。しかし、少したった頃、父はそれまでの仕事を辞め、働きに行っても1週間ぐらいで辞めて帰ってくるようになりました。毎日お酒とパチンコに行き、私たちきょうだいが学校から帰ってくるときには、家で寝転んでいる日々が始まります。小学校から帰ると父の肩たたきを1日2時間ほどさせられました。時々、そのまま父が寝ることがあり、そのようなときには早く終われました。男兄弟が少し暴れると父から怒られるときが多かったです。結構ビクビクしながら暮らしていました。

お小遣いが少なかったので、万引きをしたりしていました。万引きがバレたとき、父に怒られましたが、父自身、母のカードを勝手に持ち出してはお金を引き出していました。

小学校高学年になると、父の酒癖が悪くなって、いきなり暴れだしたりするようになりました。その頃から、母は児童相談所と連絡を取っていて、経済的にも暮らすことができなくなってきたので、小学校6年生に上がるときに弟たちと三人で児童養護施設に入所しました。

中学校2年に上がる頃、母は父を田舎へ送り返し、父を抜いての家族五人で暮らせるということで実家に引き取られます。実家に帰り、1年と少したったとき、母が児童相談所の職員さんを連れてきて、もう一度児童養護施設へ入ってほしいという話になりました。その理由は、父が働かずギャンブルやお酒でお金を使い、借金がふくれ上がっていて、それを返していくことができないのと食べていくことができないためです。二度目の施設には弟と二人で入所したのですが、私は途中で弟を置いて退所しています。

児童養護施設での暮らし

最初に施設に入所したのは小学校6年に上がる頃で、そのときに、初めて児童養護施設という名前を聞きました。入所するにあたり説明は受けたものの、家族で暮らせなくなる不安や、どんな暮らしになるんだろうというワクワク感と不安でいっぱいで、説明の内容はよく覚えていません。

入所当初は、団体生活ということもあり、小学生では覚えるのが大変なほどルールが多くありました。上下関係をめぐって喧嘩が絶えませんでした。私自身はしたくなくても、その方向にどんどん進んでいく感じがありました。怒られてばかりいたので、私は悪い子だという自覚がものすごくありました。

大舎制の施設だったので同学年の子も多く、遊んだりするには特に困ることもなかったです。お風呂は2日に一回、限られた時間で入浴し、食事は食堂のおばちゃんが作ってくれていました。就寝時間や勉強時間も決まっており、職員の方を先生と呼ぶので、施設での生活は、自分にとって学校の合宿やキャンプみたいなものでした。殴られたり怒鳴られたりすることも多かったので、「なんで私はここにいるんだろうか?」と思ったり、「ここは牢獄かな」って思ったことは何度もあります。早く家に帰りたい気持ちが強かったです。施設は実家から近くにあり、日曜日などの休みの日は、外出時間に家に歩いて帰ったり、電車に乗って帰ったりしていました。ただし、それは施設生活の中ではしてはいけないことでした。

この施設で学べたことは、後の私の人生を大きく変えることになったと思います。団体生活の仕方、してはいけないこと、人の気持ちを思いやることなど、他にも良い経験をさせてもらいましたが、入所していた当時はとにかく嫌でした。

二つ目の施設に入ったときは、「一つ目の施設の経験を活かし変われるだろうか？」「また家族と離れるのか」という、あきらめや不安を抱きました。しかし、1週間もすればその環境に慣れ、色んな人が話しかけてくれる状況になりました。寮制で分かれており、私が入ったのは中学生の寮でした。入浴は1日一回！　普通の家庭では当たり前のことかもしれないけど、施設では当たり前のことが当たり前でないことがあるので、毎日入れるのはうれしかったです。

同い年の子で荒れている子がいて、いつも一緒にいて、私自身もしんどくなるので逃げ場がほしいということがよくありました。そのようなとき、担当の指導員の先生が「しんどくなったら指導員室におっていいんやで」と言ってくれたり、高校生と仲が良かったので、高校生の寮には入ってはいけないことになっていたけど、私だけ公認で入れてもらいました。逃げ場を作ってくれたり、話し相手になってくれたりと、ここでの職員の先生の印象はかなり良かったです。怒られた記憶はあまりないです。

ここで学べたことは、自転車のパンク修理やボイラーの掃除、園庭で使う椅子作りなど職員の先生がついて見てくれました。人間関係の大切さを学べたと思います。

両方の施設とも、中学生までは自転車は乗ってはいけないというきまりがあり、お小遣いも少なかったため遊びに行けるところは決まってしまいますが、私にとって施設での暮らしは大きな財産だったと思います。

学校生活と施設の関わり

私が入所した両方の施設の近くにある小・中学校は、それぞれのクラスに同じ施設の子がいて、「どこどこの施設の子」として扱われました。日曜参観や懇談はものすごく嫌でした。学校生活に何かの問題があれば、施設の生活でごまかしていてもわかってしまうので、「学校の先生、変なこと言わないで」と思いながらびくびくしていました。

中学校までは施設と学校の連携ができており、学校の先生の待遇も良かったです。自己紹介のときも「施設の子です」と正直に話すことができました。施設の子だからといっていじめられることはほとんどなかったです。逆にいろいろ周りの子が気を遣ってくれたりしました。

高校は施設の近くにある高校を選んだので、自己紹介には困ることはなかったですが、待遇は一般生徒と変わりませんでした。高校の修学旅行はタイに行ったのですが、あまりお金を持ってなくて、一人だけお金が少ないのに頑張ったと施設退所してから担任の先生が母親に言っていたのを覚えています。

私は、転校をくり返しています。そのため、家にいたときの小・中学校の卒業アルバムをもらっていません。一番長い期間通った小・中学校は、どちらもあと1年通えばもらえたのですが、写真だけは載っているのに、もらうことができませんでした。

二つ目の施設に入る前に、私は実家から修学旅行に行っています。そして、施設に入所した後に、通っていた学校の修学旅行がありました。施設の友達を作るチャンスだったし、積立金も施設がすべて払ってくださったので、二回修学旅行へ行っています。同じ校区内だったので、修学旅行の行き先も担当者の方も同じで、長崎に行って戦争の話を聞いたりと、二度楽しむことができました。あちら側の担当者の方は、この前来てたのにって笑っていました。

施設は勉強ができる環境ではなく、頭はさほど良くなかったので、二つ目の施設では、学校の内申点を上げるために使った手があります。中学校では、2学期に入る頃から放課後居残り勉強をするのですが、私は少し早めに1学期の終わり頃から、最初は一人で担任の先生に「放課後勉強を見てください」とお願いして見てもらうようになりました。塾に通ってる子や頭の良い子たちもそれを見て一緒に勉強を見てくれたりし、私がいるクラスだけ他のクラスより早めに皆が放課後残って勉強するようになりました。見てくれた友達と学校の先生には感謝しています。クラブにもあと1か月で終わるようなクラブに入り、おかげで内申点だけで高校は受かると言われました。生きていく術を施設の子は学校でも施設でも身につけていきます。

人間関係

私は、照れくさい、恥ずかしい、などの気持ちから、人前で話すことは苦手な人間です。人間関係を良くしたいと思い始めたのが二つ目の施設に入所していたときからです。私自身としては、自分を見てくれる人と関わることで、それを変わるチャンスにして、少しずつ変わることができたと思います。人間関係とは言葉では簡単なものですが、築き上げていくのは難しく、壊すのは一瞬です。人を信じ、人からも信じられるようになり、少しずつ築き上げていきたいです。

CVV（当事者団体）と出会ったのは、二つ目の施設に入所していたときです。職員の先生に「行ってみるか?」と言われたのがきっかけでした。

私が初めて就職した所は飲食店でした。店長とは仲が良かったのですが、周りの人間関係が悪く、毎日ストレスでお腹が痛くなっていました。ストレスなので腹巻は意味がないのですが、腹巻をしたら安心するという感覚に襲われるくらい追いつめられていました。

人間関係の中で苦しみを覚えましたが、人間関係を通して得たものもたくさんありました。関係を持つことで築くことのできる人との居場所を私は一番大事にしたいと思います。私にとって施設に入所したことも、ＣＶＶとの出会いも、今生きていく上でかなりの救いになったと思います。

私の中の過去と現在の対話

現在「あなたの友達関係を教えてください。」
過去「学校の友達とは仲良くできたほうだと思います。ただ、学校にいる間は、同じ施設の子とはあまり一緒にはいたくはなかったですね。変なプライドがあったんだと思います。」
現在「それは、どんなプライドですか？」
過去「私のいた施設では、一つ目のところは勉強する時間がちゃんとありましたが、学力など一般の子よりかなり低かったと思います。二つ目の施設ではあまり勉強する時間がなかったので、学力が比較的低く、それと一緒にされるのが嫌だったのです。あと、施設でも一緒にいるのに学校でも一緒にいるのが嫌でした。」

現在「あなたは施設を二か所経験しましたが、二つを比べてどうでしたか？」
過去「一つ目の施設は、初めての団体生活でルールも多くて慣れなかったので、自分には合わなかったと思います。二つ目の施設では、一つ目の施設で慣れたことにより比較的過ごしやすかったです。」
現在「そうですか。慣れとともにあなたは成長したんだと思います。ルールや形態はどうでしたか？」
過去「施設のルールや形態は少し違いがありました。例えば、就寝時間や外出時間の違い、職員配置の違いなどです。なぜ、同じ児童養護施設なのに違うのかが全くわからなかったです。」
現在「そうですか。国や都道府県が運営しているところは少なく、民間が多く、法人やバックにある宗教などによってさまざまな形でルールや形態が変わってきますね。子どもたちが入る施設を選べたらいいですよね。」
過去「児童養護施設は私たちがわからないことが多い世界です。子どもにとっては、ただ今を生きてるという気持ちですね。」
現在「あなたはよく怒られていましたね？　なぜ怒られていたんですか？」
過去「行動を起こしては怒られた。何が悪いのか、何がしてはいけないことなのかが判断できなかった。言い訳かもしれないけど教わったわけでもなく、頭で考える前に行動を起こしていた。ただ怒るのではなく、話を聞いてほしかった。」

現在「そうですね。子どもが何かアクションを起こしたとき、問題があればちゃんと向き合って話し合うことが必要ですね。そうでなければ、子ども自身、なぜその行動を起こしたのかという気持ちがわからないと思います。ただ、よく考えて行動することも必要だと思います。」

現在「怒られ方で一番うれしかったことがありますよね？」

過去「私を、いつも怒鳴る職員さんが何をしたかだけを聞いて、一緒に相手の方に頭を下げて謝ってくれたことです。私もちゃんと見てもらってるんだって実感しました。申し訳ない気持ちがいっぱいで、その後、顔を合わせるのが非常に辛かったです。でも、うれしかった。」

現在「それはとても良かったですね。変わるきっかけになったんではないでしょうか？」

過去「気持ちの変わるきっかけにはなりましたが、行動は止まらなかったです。ただ、次の施設に行ったときに直せるきっかけにはなりました。」

過去「では、最後はこちらから質問させてもらいます。あなたはなぜこの質問を私にしたのですか？」

現在「それは、今のあなたにとって、人と話すことが一番重要だと思ったからです。それに、この話を聞いて色んな人がこんな考え方があるんだなとか、こんな風にしようかなと思うことが何より大切だと思うからです。」

徳廣潤一（とくひろ・じゅんいち）◉1988年、高知で生まれる。1歳のときに大阪に移り、1歳半～6歳まで母子生活支援施設で生活。11歳～13歳と14歳～16歳までの二回、児童養護施設に入所し、退所後は自宅から学校に通う。現在は、パンチングメタルという金属加工の工場に勤務し、社会的養護の当事者団体「CVV」の代表として活動している。

人が私を育ててくれた

原島ひとみ

生い立ち

1967年12月に、六人きょうだいの長女として私は誕生しました。私が物心ついた頃の記憶といえば、いつも父と母の喧嘩のことしかありません。父は、岩手県出身で中学を卒業してすぐに、東京に大工の修業をしにきていました。不良で手が付けられなくて東京に出されたそうです。母は1934年生まれでしたが、当時としてはめずらしい女学院卒業で、お嬢様生活をしていたようです。母の父親は、3歳のときに事故で亡くなっていますので、祖母は保険の外交員をしながら、女手ひとつで母を育てたそうです。

父は、母より6歳下でした。気の小さい父は、酒を飲んでは、母と口論になり、母に暴力をふるうという毎日でした。幼い私は、唯一母の母親（祖母）がそばにいてくれたことが救いでした。今でも記憶に残っているのは、おばあちゃんとおままごとをしている記憶です。私には、小学校に上がる前の母の記憶が（母がいたにもかかわらず）あまりないのです。

私が小学校5年のときに、両親は離婚をしました。私はいつも怯えて生活をしていましたから、暗い性格で、今でも小学校のときの写真を見るのは嫌いです。両親が離婚してうれしかったのは、父から母が受ける暴力を見なくて済むこと、きょうだいみんなが、少しずつ明るくなれたことでした。

しかし、小学校時代の私は表現することが苦手で、いじめにもあいました。小学校の2年のときは、学校のプールの練習中泳いでいると、わざと息継ぎができないように上から乗ってくる女子がいました。止めてと暴れてもなかなかやめてくれず、苦しくて死ぬかと思った記憶があります。いじめにあったときも、親には何も言えずにいました。家に帰れば、一番下の弟の面倒を見たり、家の手伝いの合間に遊んだりしていました。いつも、6歳下の弟を連れて歩いていました。

母は、離婚をしてから夜、居酒屋で働くようになりました。私は、母が帰ってくるまでなかなか寝付かれずに帰りを待つ毎日が始まりました。そんなある日、玄関が開く音がしたので、二階に寝ていた私は、少ししてから下に降りていきました。そこで小学校5年の私には衝撃的な出来事を目撃してしまいました。母が男性を連れ込んで行為をしていたのです。すごく悲しい気持ちになり、裏切られたような気持ちでトイレに入りました。涙が止まらず、しばらく出ることができませんでした。私は、翌日には何もなかったかのように、母に接していました。このことは、つい最近まで忘れていました。

そんな中、私が小学校6年の3月末に、母が自転車で転んで足を骨折してしまいました。私は、6年ですから4月には中学に入学ですが、一番下の弟が小学校に入学することになっていましたので、その入学式には私が親代わりで出席しました。長女なので、母がいながらも親代わりをして、いつもお姉ちゃんだからと頑張っていい子を演じていたように思います。

私が中学へ入学して半年後に、母の乳がんが発覚して手術することになりました。しかし、中学校2年の12月11日、乳がんが転移して皮膚がんに、最後には、脳腫瘍で他界してしまいました。その間、1年のうちに六人のきょうだいは、別々の施設や知り合いの家にばらばらに離れて暮らすことになりました。

一時保護所の生活

施設に行く前の一時保護所では、すごくいろいろな事情の人がいること、規律があり、きちんとした食事がとれたこと、仲よくなった人がいたことをよく覚えています。仲よくなったのは、足に障害がありながらも自分をしっかり持っている女性で、その人に教えられたことがたくさんありました。記憶では、その女性は、不良グループのリーダーだったと思います。そんななか突然、その人から無視をされ始めました。なぜなのかは私は見当もつかずおろおろしていました。自分のどこが悪いのかを勇気を出して聞いてみたところ、自分に対して自信のなさから人に好かれようとしてゴマをすっていたようなのです。そんな私を気にしてくれて、気づかせるために無視をしたそうです。そんな児童相談所の一時保護所の思い出が、今も記憶の中にはっきりとあります。

施設の生活

私は、母が亡くなるまで母の付き添いをしていたということもあり、他のきょうだいより後に施設に入所しました。それまで私は、母がお世話になっていた近所のおばさん宅に身を寄せていました。その後、施設に入ってからも帰省の居場所として、そのお宅にはお世話になっていました。私は母の看病をしていたので、ほとんど中学校に通えずにいました。もちろん、環境的に高校進学もあきらめていましたから、勉強をする気にもなれませんでした。

施設に入ったときは、すごくさみしい感覚と不安を感じたことを覚えています。と同時に、ここで生活して頑張らなくてはと力が入り始めた瞬間でもあったかと思います。食堂でみんなに自己紹介をし、各部屋でもあいさつをしたこと、同室の子から試しいじめを受けたことなど、それを乗り越えて仲良くなる儀式のようなことがあったことを覚えています。

私が学園で目標を見つけていたことが、施設での生活が比較的スムーズにいった要因なのかもしれません。その目標は、高校に進学すること。先生から高校に行けるのよと聞いたときに、私も高校に行かせてもらえる、高校に行きたいと強く思うようになりました。高校に行けるという言葉を聞いたときから、小学校の勉強もろくに覚えておらず、中学校の勉強もわからない私の猛勉強が始まりました。保育士になりたいという夢も出てきて、その結果、私立の高校に進学させてもらいました。

ただ、中学校時代の暗い私には変わりがなく、自分の気持ちを素直に表現することができず、常にマイナス思考、何か注意されればすぐに自然に涙が出てきて、そんな自分を自分でも理解できないし、自分で自分のことが嫌いでした。常に人の顔色ばかり窺っている生活、自信がないことが大きかったと思います。高校に進学して、それまで勉強を頑張った成果が出始めて成績が安定し、常に上位にいられたことが自信につながり、少しずつですが積極的になっていきました。部活にも入り、頑張っていました。高校は、私の過去を知らない人が多くて楽でした。少しでも本当の自分を出せました。

ただ一つ問題があり、私立に行かせてもらえましたが、部活の費用までは出せないので、高

1のときは部活は無理と言われ、それならバイトをさせてくださいと頼み、お金を貯めてから高2からバスケット部に入りました。私にとっては、高校生活の3年間は楽しく過ごすことができ、無事に卒業ができました。一つ断念したことは短大の進学です。費用がない上に、昼間勉強して夜収入を得るという選択もあったのですが、体力の自信がなかった私は就職の道を選びました。

就職

就職先は、アパレルの一般事務で、もちろん施設からは通えないので、会社の寮に入れてもらいました。本来は、地方から働きにきている人のための寮でした。その時点で、会社の人たちは、東京の子が寮に入ることが初めてだったので事情を説明して、私が施設出身だということを前提で接してくれていました。逆に周りがよく面倒を見てくれ、可愛がってくれました。いろいろ教わることの多い職場で、先輩たちが色んなところに連れて行ってくれました。三年半勤めて寿退社をしました。

結婚生活

夫と知り合ったのは、友達を通してです。結婚を決めたのは、私もきょうだいが六人ですが、相手も八人きょうだいということもあり、理解しあえると思ったのですが、そんな単純ではありませんでした。親戚付き合い、近隣とのお付き合い、小姑との付き合い、お金の価値観、いろいろなことでの価値観の違いで悩み、苦しむことからのスタートでした。

最初の違い、特に金銭的価値観の違いは私を戸惑わせました。夫の母親は、借金するのが当たり前の考え方でした。夫の父親は、すでに他界していました。夫は、八人きょうだいの長男で24歳（結婚した私は22歳）、一番下の義弟がまだ小学3年でした。結婚してからわかりましたが、夫は、お金がなければないなりに生活をするということができず、人に借りても借りたお金のことは忘れて返さないなど、お金の使い方を知らない人でした。外面は良く、周りからの誘いをことわれないのですが、酒、ギャンブルの誘惑に弱く、私と口論になると手をあげるという人でした。上の子が生まれてすぐに、別れたくて施設に相談しましたが、子どものために我慢するように言われました。それで18年間連れ添いましたが、結局二人の子どもを連れて離婚する道を選ぶことになりました。

離婚をしてから気づいたこと

今だから話すことができます。私は柔軟な考え方ができませんでした。自分の考えが正しいと思い込んで相手を責め、また、子どもの頃にお金がなかったので、お金に対して執着しすぎていました。自分がよく思われたいという気持ちを優先していたため、物事はうまく進むはずがありません。子どもの頃から無理をして頑張ってきたため、知らず知らずのうちに周りの人にも高い要求をしていました。

自分のことをわかってほしいという思いが強く、相手のことを考えているようで考えていませんでした。自分には実家がないのだから、ここで我慢しなくてはと思い込み、いい嫁を演じすぎていました。夫婦がうまくやっていく秘訣を考える余裕もありませんでした。できなければ、お願いすればいいのにそれがどうしても言えず、無理ばかりしていました。そして、夫ばかり責めていたので夫婦仲が悪くなる一方でした。とうとう家庭崩壊になり、離婚にまで至ってしまいました。

そういうことを経験して今、やっと自分らしく生きていくことができるようになりました。自分を大事にすること、そして自分のできることからゆっくりと自分のペースで、自分の心に素直に生きることがこんなにも楽でいられることを実感しています。そして、やっと40歳を過ぎて自分に向き合うことができるようになりました。10代のときに出せなかった反抗期に出会っているような気持ちさえしています。いろいろな方々との出会いで、少しずつ変化を遂げています。私は、自分が暗い性格なのは、心のどこかで親のせいにしてきたと思います。自分を思いっきり吐き出せたら、こんなにも時間がかからなかったのかとも思いますが、私にはこの時間が必要で、いろいろな出来事は必然的に起き、見えない到達地点に、私が問題を解決するたびに近づかせてもらえているように感じています。

これも、私が自分の心に向き合えるまで、待ってくれていた施設の先生の力です。私たちきょうだいが一つ屋根の下で生活していけるようにしていただけたおかげで、今もきょうだい喧嘩をしながらも仲よく力を合わせて頑張っています。それも亡き村岡末広先生のおかげだと思っています。私は今、原点に戻り、私ができることを生かして施設等で暮らす子どもたちの力になりたいと考えています。周りには、反対する声もあります。苦労したのだからもっと違う道にしたら、と言われます。私はひとの世話をしたり、ひとのために何かをしていることが根っこから好きです。自分が自分らしく感じられて、自分が大好きになります。今から、一度は断念した保育士の資格にチャレンジしていこうと思っています。今まで、全身に力が入った状態でしたが、やっと力が抜けてリラックスして生活をおくれるようになれたことがとてもうれしいです。色んなことを経験したことは、私の財産です。この場を借りて、父と母に生んでくれたことに感謝します。今回の原稿を書くことができたのも、とても感謝しています。ありがとうございました。

原島ひとみ（はらしま・ひとみ）◉1967年、東京都生まれ。10歳で両親が離婚、母子家庭となる。14歳の誕生日前日、母親ががんで死去。その後、児童養護施設に入所し、高校卒業まで生活する。卒業後、一般の会社に就職。その後結婚、二児の母となるが、離婚。現在は、特定非営利活動法人ふたばふらっとホーム事務局に所属、当事者の居場所づくりに参加。

「いい経験ができた26年間」と言えるようになって

成田雄也

小さい頃の思い出〜小学1年生で退所するまで

私は北海道で生まれて、「くるみ学園」という児童養護施設に3歳のときに入所しました。入所の日、父親の手から職員の手に移ったときにぎゃんぎゃん泣いた記憶が今でも残っています。

「くるみ」に入ってからは、父親が週末になると面会にきてくれて、金曜日、土曜日はテンションが上がったのを覚えています。外出して遊んですごく楽しい気持ちになったところで、「くるみ」に帰るときがものすごく嫌でした。だから園に帰ってきたらすごく不機嫌になっていました。父親と外出して帰ってきて施設での生活に戻るときの落差がしんどくて、今考えると、それはよかったことなのかどうなのかわからない気持ちになります。

面会で父親と一緒に出かけたときに、車においてあったおにぎりやハンバーガーをみて自分が食べたそうにしていたら、「食べたかったら食べてもいいよ」と父親が言ってくれたことがありました。そんな些細なことがとてもうれしかった思い出があります。そういう父親とのちょっとした出来事が、施設に入れながらもちゃんと俺のこと考えてくれてたんかなあと、今になって感じています。

3歳から小学校1年まで入所していました。すごく嫌だったことはあまりありませんでしたが、一つだけ覚えています。その頃に、急に年上の子たちと同じ部屋になり、怒られるのが怖くて顔色をうかがってビクビクしていました。中学校、高校、今となってはそれが役に立っている気がします。上級生が何を考えているのか探ったりしてたことで、その場に合わせたりすることができるようになったんじゃないかなあと思っています。

入所中に何回か父親のつきあっている人（後に義理の母親となる）が施設に面会にきていました。父親から、「この人と一緒になれば、お前も家に帰ってこられるけど、どうだ？」というようなことを言われました。自分はそのとき、その人がどういう人か考えるよりも、父親と一緒にいられるならいいや、と思いました。そして退所することになり、施設を出るときに荷物などをまとめて、みんなが玄関に集まってくれてお別れをしました。みんなに見送られたときは、とても気分よく手をふっていたのに、その後、まさか自分がまた戻ってくるとは全く思いませんでした。

家に戻ってからの壮絶な日々

義理の母には自分と同じ年の男の子の連れ子がいました。その子とは、なんとなく自分と似ていたから仲はよかったです。家での生活は、半年ぐらいはよかったのですが、腹違いの妹が生まれたときからだんだんと状況が変わってきました。義理の母親から、「掃除しなさい」とか、「食器洗いなさい」とかお手伝いを厳しく言われて、次第に「学校行くな」「妹の面倒みろ」などと言われるようになりました。そのことを父親に話すと、その義理の母親に言ってくれたのですが、必ず夫婦喧嘩になっていました。その喧嘩を見るのも嫌だったし、喧嘩したあとは父親が家を出て行ってしまうことが多く、そうすると自分は、義理の母親に「なにちくっとるんや」と言われて体や頭を殴られたり蹴られたりしていました。

そういうことが自分だけにされていました。義理の母親は、自分で連れてきた子にはちゃんと学校に行かせるし、お手伝いもさせていませんでした。私は殴られたり蹴られたりされるのが怖かったから何も言わず手伝っていました。大きくなるにつれて、小学校4年ぐらいになると力もついてきて、たまに学校や遊びに行けたときにそのまま帰らず、家出をするようになりました。父親に気づいてほしかった気がします。そのときは父親がいつも迎えにきてくれました。自分がどうしても帰りたくないときは父親が健康ランドで一泊してくれたりもしました。

それでも、家出して帰ってきたら母からボコボコにされるというようなくり返しになっていました。自分で父親に「くるみに戻る」と言ったのが小学校4年生のときでした。自分が家出をくり返し、帰ると義理の母も殴る蹴るという状態がエスカレートしてきたからです。

父親に連れられて、自分と妹が児童相談所にいきました。義理の母が児童相談所に押しかけてきて、妹だけを連れて帰りました。そのとき自分が義理の母親に連れて帰られなかったことで安心したのですが、半面で寂しかった思いもありました。でもまたボコボコにされるよりは「くるみに行けるほうがいい」という複雑な気持ちでした。

この頃は学校にほとんど行けず、小学校では勉強についていけませんでした。今思うと、学習ボランティアという人がいたらよかった気がします。そのときは全くなかったから、その当時もっと工夫ができていたら、他の子どもたちも変わってたんじゃないかな、と思います。

再び施設へ——強がったり、合わせたり…本当は助けがほしかった

再び入所したとき、「くるみ」のみんなは覚えてくれていました。自分はあまり覚えていなくて、家にいた1年生から4年生までが壮絶すぎて、以前に入所していたときの記憶がぶっ飛んでしまった感じでした。部屋割りは4年生の自分と3年生が二人、2年生が三人の六人部屋

でした。再入所した当時は「大人の指図はきかない」子どもだったようです。でも、針と糸を使って縫い物をしてみたり、女の子の漫画を読んでみたりするなど、周りとは違うことをして「見てほしい」という気持ちがありました。そうした状態が半年ぐらい続きました。その後に5年生になってから上級生と一緒の部屋になりました。そのときの施設の先生たちは、バチバチと厳しく指導されていたという記憶があります。けれども、一方で一緒にキャンプに行ったりソフトボールをやって楽しませてくれたりして、普段は親しみがもてる感じでした。今思えば、だめなときにバーンと怒ってくれるということは大事な気がします。ただし、最終的にはその職員の人間性がどうかということが大事になってくると思います。

小学校の生活は面白くありませんでした。「くるみ」だとなめられるんじゃないかと勝手に思っていて、一番強ければ何も言われないだろうと思って、強がっていました。小学校の先生にはむかえば強く見られるという考えがありました。授業中に出ていったり先生に反抗したりして周りから怖がられる存在だったと思います。それでも友達はいっぱいいて、ワイワイ遊んでいました。今思えば目立ちたかったということや「くるみ」っていうことでなめられないようにしていた気がします。

6年生のときに中高生のフロアに上がったんですが、急に怖くなりました。自分にとっての育ての親みたいな保育士さんと、プロレスラーみたいに大きい職員さんと、ラグビーをやっていた体力のある職員さんが自分のフロアの担当でした。同い年の子が三人で一部屋でした。うれしかったのは、おやつのスナック菓子が二人で一袋になって量が増えたことや、夕食後に体育館で自由に遊べたりしたことでした。でも洗濯は自分でやらなければいけなくなり、大変ではありました。

上級生とは一緒にサッカーやバスケットボール（バスケ）をやったりして楽しく過ごすこともありましたが、ちょっと体が当たって「ごめんなさい」と言わなかったら殴られたり、夜の集会だと言われて夜中に起きてベランダでタバコを吸わされたりしました。眠たいといったら殴られるから、眠いのを我慢してつきあっていました。先生の部屋におやつを盗みに行かされることもありました。「くるみ」のなかで一番辛かったのはそういう出来事でした。職員には、上級生から殴られた傷のことを聞かれましたが「自分でこけた」と言うしかありませんでした。もし言ったら「お前なにチクっとんの」ということになりましたから、言えませんでした。今考えたらもっと職員さんにつっこんで話を聞いてほしかったし、自分からは言えなかったのですが、職員さんからもっと詰めよられたら話せていたと思います。本当は助けがほしかったです。ただ、上級生たちのなかにいても、自分は比較的うまく立ち回りをしていたほうだと思います。他の同級生の二人はもっとボコボコにされていました。

また、職員さんとの関係では、自分がタバコを吸っていてバレてしまったことがあり、怖い職員さんに怒られてバチバチやられたのですが、その後に「頭とか怪我ないか」などと言われて心配され、それがうれしかったことが心に残っています。タバコを吸ってしまった理由は、かっこつけるのと、職員の気を引くというか、バレたときには怒ってくれるだろうかと、ちょっと試したかった気持ちもあったような気がします。

あこがれの先輩とバスケットボールとの出会い

中学に入ってから、部活紹介でバスケを見たとき、一人だけ光っている先輩がいました。函館選抜という代表選手でした。その先輩と出会ったのがきっかけでバスケを始めました。その先輩にタバコ吸ってたら体力がなくなると言われ、タバコも夜遊びもやめました。バスケは小学校のときから「くるみ」の体育館で遊びでやっていました。真剣にやり始めた頃、偽造カードを使って電話したり、タバコを吸ったりするのが流行ってたのですが、それをやると部活も遊びも禁止になって部屋で謹慎するというルールがありました。部活を真剣にやろうと思っていたときに一度偽造カードで電話をかけたのがバレてしまい、部活に行けなくなりました。部活に復帰したときには、気持ち的に部活に居づらくなったりもしましたが、バスケの選抜選手になりたい気持ちが強かったので、一生懸命やってできるところをみせるようにしました。そうすると、周りがだんだんと認めてくれるようになりました。

自分は周りの人からみてバスケが結構うまかったようで、優越感がもてるようになりました。周りの友達の親も認めてくれました。そして一年生の冬に選抜選手に選ばれました。もっとうまくなろう、うまくなればもっとほめられる、だから頑張ろうという気持ちになりました。職員さんも自分を見る目が変わってきて、洗濯などをやってくれて、何となく自分を〝ひいき〟にしてくれたみたいな感じでした。そういうことは本当は職員としてやってはいけないことなのかもしれないけれど、子どもからしたら「特別に見てもらえた」という気持ちがしてとてもうれしかったです。2年生になったときも選抜選手に選ばれて、バスケを頑張っていれば勉強ができなくても高校に行けるということを言われ、それが高校に行こうという目標になっていきました。そして特待で一番バスケが強い高校に行けました。

自分にとっての「育ての母ちゃん」みたいな職員さんがいて、中学の頃に一度何かがあって喧嘩して、そのまま半年ぐらい自分がその先生を無視し続けていました。しかし、バスケの大会で自分が怪我をして入院をしたときに、その先生が毎日お見舞いにきてくれました。その先生が朝から出勤のときは夜に、昼や夕方出勤のときは朝にとか、毎日お見舞いにきてくれました。それを機会に関係が回復しました。その先生には、母の日にエプロンとか、ちょっとしたものですが、誕生日と母の日に何かを贈っています。血が繋がっていないのにこんなに思ってくれる人がいるんだと思いました。その先生にしていただいたことから、「別に血の繋がった親じゃなくてもいいじゃん」という気持ちになりました。

高校生活と就職後の生活

中学3年のときにバスケの大会で全治8か月という怪我をして入院しました。高校の特待もないとあきらめていましたが、何とか高校に入ることができました。高校に入ってからは、校内暴力もあった時期だったのですが、先輩との上下関係や暴力などは「くるみ」でもあったことでしたから、なんとか乗り切れました。自分の道がそういうふうだからうまく合っていたんだろうと思います。けれども、膝の怪我もあってバスケは騙し騙しやっていたのですが、やはり思うようにやれなくて、試合にもあまり出場できなくてやめてしまいました。今思えば、一番後悔しています。これまでバスケで認められてきたけど、認められなくなったところが嫌になったのかなって思います。

バスケが終わってタバコを吸い、夜遊びに行き、お酒を飲み、すごく荒れました。職員さんには今までにこんな子はいなかったと言われました。施設では浮いた存在になっていきました。その頃、職員は子どもに手を上げないようになっていました。部屋でタバコ吸っても口では言うけど、殴られたりはしなかったです。それがかえって捨てられた気がしたり寂しかった感じがします。殴らないなら好き勝手やっていいじゃん、という考えになってしまいました。施設を出て、もっと自由になりたくなりました。「こんなとこにいれるか」と父親に言って、家賃や光熱費を出してもらい無理にアパートを借り、一人暮らししたのが高校3年の夏でした。それから楽しかったけど、現実が辛かったです。食べるもの、着るものは自分でやらなきゃならなくて、コンビニで廃棄の弁当をもらってきたり、ドーナツ屋の裏にバケツに廃棄してあったドーナツを食べたりしました。その当時のおかげなのか、「何とかすれば生きれるじゃん」という気持ちができました。そんなときに、中学校や高校で一緒にバスケをやってた友達のお母さんたちが「ご飯食べてる?」と言って電話かけてきてくれて、ご飯を食べさせてくれたりしました。

そんなことをやりながら、何とか卒業しました。でも卒業後は何もすることがなくなり、父親が愛知県にいたので父親の元に行きました。来てすぐにパチンコ屋で働きましたが、同じ年代の子がおらず友達ができなかったのですぐ辞め、次は派遣社員として運送会社で夜間の配達で働きました。そこで友達ができて遊びまくっては働いてのくり返しを3年ぐらいしました。貯金もせずに遊び呆けてしまいました。でも21歳のときに、これでいいのかと思い、昼間の配達の仕事に転職しました。それから22歳のときに将来をいろいろ考えて、一生ここ(昼間の配達）で仕事するのかと思ったときに、施設での半年間、口を利いていなかった職員さんのことをふと思い出しました。そのときに施設の職員になってみようかな、と思って、保育士の資格をとれる学校を自分で探しました。それが保育の専門学校に進学しようと思ったきっかけでした。

進学して考えたこと、気づいたこと

入学してからは過酷な生活でした。学校は夜間部で、昼間に仕事をして、原付で雨の日も風の日も行きました。でも学校自体は楽しかったし、職場の理解もあり、支えてもらいました。職場の配達で、午前中はきつい遠いコースで、午後はちゃんと近いコースにしてくれて定時であがれるように配慮してくれました。社長さんが、「学校行き始めるからみんなバックアップしてくれ」と職場の人に言ってくれました。とても助けてもらいました。

入学して保育士の資格をとったら児童養護施設の職員になるということが自分の目標でした。わけもわからず中高生の面倒をみたいと思いました。正直なことをいうと、入学する前、自分は幼児さんとか小さい子の服とかをみてもかわいいとか全然思いませんでした。でも専門学校に入って実習に行くと、小さい子が本当にかわいいと思うようになりました。人間として成長できたようで、とてもよかったと思っています。でも、勉強するにつれて児童養護の教科が入ってきて、「何か違うな」というふうに思えてきました。自分はただ単に児童養護施設で育ったからそれを肩書きにして「あの子すごい頑張ってるね」と認めてほしくてやっている気がして、本当に子どもたちのことを思っているのではない気がしました。学校の先生にもそのことを投げかけられて葛藤しました。実習では、子どものときと同じ目線で職員さんを見てしまう自分に気がつきました。自分が大人になりきれていないような、これではいい職員になれないだろうな……と思いました。今の子どもたちの状況は昔と違ってきていて、虐待を受けた子どもたちの入所が多く、発達障害の子どもたちもいて、対応の難しさがあると思います。だから、職員とその子が向き合えば関係ができていた昔とは違って、今はぶつかれば解決できる問題ではないことがあるから、今の自分が自信をもって職員としてやっていけるのか、戸惑うようになりました。

しかし、何とか子どもたちには関わっていきたいという思いは強いので、施設のボランティアで今も関わりをもっています。施設の子どもたちが未来を描けるように、施設を退所して社会に出たときに、「養護施設ってすごい過酷なんでしょう」と言われたりしたら、「でも施設はこういういいとこがあったんですよ」と言えるようになるといいと思っています。自分は施設の招待でディズニーランドに連れて行ってもらえたし、特別に飛行機のコックピットに乗せてもらった思い出を話すと、周りの人は驚きました。そして、苦労してきたことを認めてくれたり、ハングリー精神があることも周りに理解してもらえて、自信がもてるようになりました。施設でいい経験をさせてもらったことや、施設もいいとこなんだよということを、自信をもって胸を張って言えるように、子どもたちに伝えていける存在になりたいと思っています。

成田雄也（なりた・ゆうや）◉幼児期に児童養護施設で4年ほど過ごし、いったん父親の再婚により家庭引き取りとなる。その後、小学校4年生で再入所となり、7年半を施設で暮らす。現在は、保育士資格を取るために専門学校に進学し、2011年3月に卒業。将来は、子どもたちから見て〝かっこいい〟大人、〝目標とされる〟大人になれるように頑張りたいと思っている。

世界は、愛で満ちていてほしい

鎌田成美

帰ってきました？

私は愛知県にある「名古屋文化キンダーホルト」という児童養護施設で、兄二人と一緒に3歳から9歳の6年間入所していました。

そして、2008年3月、まさか！ のキンダーホルトの職員となりました。自分の育った施設で働く、それは私にとって夢のように感じていたはずのもの。それが現実となり、うれしさ半分、不安も抱えながら、今度は保育士として、職員として、キンダーホルトに帰ってきました。

施設で暮らす

施設の頃の思い出、それは苦しかったものもあり、悲しかったものもあり、楽しかったものもあります。

なかでも一番印象的なものは、初めて入所してきた日。みんなが楽しそうに遊んでいる場所に連れてこられ、ワクワクしていた私とは逆に、涙でいっぱいの目で私を抱きしめて「ごめんね……」と呟いた父の姿です。何もわからない私はなぜ父がそんな悲しい顔をするのか疑問でしたが、ただ、父の泣いている姿が胸に突き刺さるような気持ちでたまらなかった。3歳の頃の記憶ですから、ほんとうにあったことかは定かでないですが、今でもそのシーンが脳裏に焼きついて離れません。

父は私たち兄弟を施設に預けていることに負い目を感じていたのでしょう、ほとんど毎週、週末になると迎えに来てくれて、家に帰っていました。とにかく父は私たちを愛し、大切に育ててくれました。それがどれほど施設で暮らす子どもにとって恵まれたことなのか、職員となった今、痛感しています。

「三つ子の魂百まで」ということわざがありますね。いえいえ、私という人間は、3歳からの人生によって作り上げられたものだと思っています。

施設暮らしでのスタートは幼児グループに入り、のびのびと生活をしていました。

春、桜が満開でうれしくて、補助輪付き自転車を漕ぎながら歌ったこと。夏、明るい夕暮れの中、友達と夢中で泥遊びをしたこと。秋、木々の色が鮮やかに変わるのを眺めていたこと。冬、クリスマスが待ち遠しくて、雪を見るとワクワクしていたこと。今の私の季節感はこのとき生まれたに違いないでしょう。

しかし、もちろん親元を離れて暮らす毎日の寂しさを打ち消すことはなかなかできませんでしたし、もともと引っ込み思案な私には、幼稚園で仲のよかった友達がいた記憶がありません。そして、小学校へ入学と同時に学童グループへと移行しました。やはり学校では友達があまりおらず、休み時間は校庭の隅っこで山茶花をつついていたのを覚えています。自分の部屋は、いくつも年の離れているお姉さんと一緒で、怒られるのが怖くていつもビクビク相手の顔色をうかがっていました。

そんな暗い記憶の反面、素敵な思い出もありました。

担当だった職員がアクティブな方で、私たちが学校から帰ってくると「探検に行こう!」と、あちこちの探検スポットに出かけて、体中にたくさんの擦り傷と満面の笑みをお土産に帰ってきていました。

夏のキャンプでは、いつも探検している森や野原とはまた違った森林の中で、元気いっぱい駆け回りましたし、年に一度の施設のお祭りでは、グループごとに屋台を出すので、みんなで協力して夜遅くまで準備を進めたり、クリスマスが近づくとサンタクロースはどこからやってくるのだろうと考えながら布団の中でニヤニヤしていたり……。

思い出せば語り尽くせない施設での思い出。よいことも悪いことも、私にとってはすべてが懐かしくて、キラキラとした思い出です。

ああ、やはり「私」という存在の基礎はここキンダーホルトで作られたのだと、改めて実感します。

家庭復帰へ

世間では「ブルーマンデー」なんて言葉がありますが、私には何よりも嫌いな曜日が「日曜日」でした。

毎週父が迎えに来てくれる金曜日と土曜日は、その1週間でどんなに嫌なことがあっても吹き飛ばしてしまうくらい、幸せな日でした。そして別れがやってくる日曜日。「サザエさん」を見終わると家を出る時間なので、いつからか「サザエさん」が私を父と引き離す意地悪で嫌なものというイメージが染み付いてしまいました。

「サザエさん」自体は、話も毎回ほのぼのして楽しく好きなアニメなのですが、現在でもこのイメージが離れず、見ていると無性に悲しい気分になってしまいます。

施設に着くと、泣くのを堪えながら父を見送り部屋に入ります。寂しくて辛くて自分の気持ちでいっぱいの私は、つい同じ部屋の友達にきつい態度で接してしまいました。その友達は一年に数回しか親に会えなくて、私なんかよりも寂しい思いで毎日を過ごしているはずなのに、私もわかっているはずなのに……。

年齢が上がるにつれて、私の中で家に帰りたい気持ちが大きくなっていきました。

小学校3年生の頃の夏休みに、住んでいる市の花火大会があり、家族で見に行きました。その日は日曜日。空いっぱいに輝く花火に見とれながらも、これが終わったら施設へ帰らなければいけないのだ、と考えていると涙がポロポロと流れ出す。次第に「施設に帰りたくない」と大声で泣きじゃくり、父を困らせてしまいました。

この出来事がきっかけかどうかはわかりませんが、その年に私たち兄弟の引き取りが決まりました。当時を知る職員の方の話によると、施設側としては、まずは兄弟一人ずつの引き取りを提案しましたが、父の強い希望で三人まとめて引き取られることになりました。三人まとめて引き取っても、父子家庭ではなかなかうまくいかないと職員が止めても、父は涙をこぼしながら、それでもお願いします、と頭を下げたそうです。

家庭復帰で「めでたし」とは簡単にいきません。それどころか、家庭崩壊寸前でした。

父は仕事、私たちは学校。つまり、家庭の中で重要な役割である家事をこなす存在がいなかったのです。父は仕事で疲れて家事まで手を回せず、家事なんてクエスチョンマークな私たち。結局、家庭はうまく機能できず、施設の職員のアフターケアのおかげでなんとかやっていました。

その現状に限界を感じたのか、けじめを感じたのか、父は再婚しました。再婚をした義母と父は、私たちが施設にいる頃からお付き合いをしていて、母親的存在を強く求めていた私は、義母を慕い、とても仲がよかったです。私が今こうして料理が得意なのも、全くできなかった算数が人並みにできるようになったのも、義母がていねいに基礎から教えてくれたからです。

しかし人間とは不思議な生き物で、あんなにも求めていた母親、あんなにも仲のよかった義母とは次第に折り合いが悪くなっていくのでした。

兄たちと私の三人と義母との間には見えない大きな壁が生まれ、たび重なる意見の食い違いにより、日に日に壁は厚みと高さを増していきました。施設にいた頃は憧れだった「家庭」はいつの間にか「重荷」と感じられ、「安らぎと団欒」が生まれるはずだった家は「不安と苛立ち」の場へと変化していったのです。

毎日悩み、布団にくるまって泣いていると、ふと、布団の中でクリスマスのことを考えながらニヤニヤしていたあの頃……施設での生活を思い出しました。私の家は施設からそう離れておらず、退所後も行事があるたびに顔を出していました。高校生になり、義母とのヒートアップした意見のぶつかり合いが耐えられず、いてもたってもいられなくなり、私の足は自然と施設へ向いていました。

何よりも、施設に行けば誰もが私を温かく迎えてくれることが心地よくて……きっと自分の居場所を求めていたのかと思います。

自分の夢とは、居場所とは

高校生活、大きな岐路である進路の選択が迫ってきました。

将来の夢は？　やりたいことは？　すべてが漠然としていて、自分のやりたいことが見つけられずにいました。そして、仕事とは「生活の糧を得るためのもの」としてしか考えていなかった私にとって、投げやりな進路活動になっていきました。

迷いながらも現在の保育士を目指しはじめたのは、悩みを相談するために施設に通いはじめたことがきっかけです。私には父と養母の間に産まれたかなり年の離れた妹と弟がいて、その影響で子どもが好きで、絵を描いたり工作をしたりすることが得意だったのも理由の一つですが、私が施設の職員になれば、より子どもたちに近い目線で気持ちを理解することができるのでは、そして、今まで自分が施設にお世話になった分を返したい、この気持ちが私を福祉の道へと動かしたのでしょう。

少しでも早く家を出て自立したかったということもあり、進学先は保育の短期大学を選びました。目指していた大学には、地道に勉強を頑張っていたおかげで指定校推薦がいただけました。

何もかもがトントン拍子で進んでいるように思われましたが、家……義母と私の関係はさらに悪化していったのです。

兄二人が自立し家を出ていってから、義母と私は同性ということもあり、お互いに譲れないプライドがあったのだと思います。

大学時代には、毎朝のようにケンカをし、顔を合わせれば厭味の言い合い、細々としたところまで束縛された生活。気が狂いそうになり、学校では泣いていることが多かったです。

家に帰れば嫌な思いをするとわかっていたので、いくら授業が早く終わっても、アルバイトがない日でも、無理やりどこかで時間を潰して強がっているようでした。ほんとうは家に帰って家族で仲よくご飯を食べて、テレビを見たりなどしてゆったりと過ごしたい。いつからこんなふうになってしまったのだろうか。私が夢に描いていた「家」はこんなにもギスギスとしたものだったのでしょうか。

そんな生活にも限界が近づいてきました。

お互いを否定し合う言い争いは、今にも崩れそうだった私の足下を遂に崩してしまったのです。その日、激しい口論の後、私は頭の中が真っ白になるくらいに混乱し、大声で泣き、気づいたら荷物をまとめて家を出ていました。家からひたすら逃げて、最後にたどり着いたのはやはり施設だったのです。

そして、卒園児を対象に自立を支援する寮に住むことになりました。私はなんて幸せなのだろうか。こんな私にでも手を差し伸べてくれる場所がある、それがどんなにうれしかったことでしょうか。複雑な気持ちで始まった新生活の夜、感謝の気持ちと、はじめて感じる一人暮らしの寂しさで涙が止まりませんでした。

小さな私と大切な物

自動車学校の費用や生活費を貯めることに集中したいがために、後先考えず選んだ就職先は、老人介護施設でした。周りの友人の中ではわりと早い時期に就職先が決まり、残る学生生活は必死にアルバイトをしていました。

しかし、社会人となる時期が近づくにつれて、自分がやりたい仕事はほんとうに介護施設でよかったのだろうかと疑問に感じながらも、ただなんとなく毎日が過ぎていきました。

いよいよ介護施設での研修が迫ってきたある日、「キンダーホルトで働いてみないか」というお誘いを受けたのです。雇用形態は非常勤職員、契約は3年間。介護施設では正職員。正直、迷いました。

けれども、ほんとうに私がやりたいことは何か、なぜ保育士を目指したのか……そう自分に問いただした瞬間、答えは出ていました。

「ぜひ、お願いします」

こうして、私はこの施設で働くことになったのです。

入所していた人間として、職員として、理想と現実のギャップに悩まされ奮闘しながらの日々。さまざまな苦労がありながらも、職員の方々に支えていただき、リラックスしながら仕事ができました。

そして不思議と、子どもと接していくにつれて「小さな私」がよみがえってくるのです。子どもたちと一緒に遊んでいると、笑い声が聞こえてくる。夜泣きの子をなだめていると、涙が出てくる。ああ、これはあの頃の「小さな私」なんだ。この「小さな私」が今の私の原動力であり、保育士をしていく上で忘れてはいけないものなのだと思いました。

忘れていけないものと言えばもう一つ。それは愛情です。不確かで非科学的ですが、人間が成長していくために欠かせないものだと思います。もちろん、家族や施設やその他さまざまな人からの大きな愛情を受けて、私は成長しました。

今、私は施設で働き、子どもたちにできるだけの愛をもって接しています。それをこの子たちの健やかな成長につなげていけたらと願っています。

だからこそ世界は、愛で満ちていてほしい。

鎌田成美（かまた・なるみ）◉1987年、愛知県岡崎市に生まれる。2歳の頃に児童養護施設名古屋文化キンダーホルトに入所。6年後に家庭復帰をする。養護施設での経験を活かしたいと思い、名古屋女子大学（保育学科）に入学する。介護の現場で働くつもりであったが、縁があり、自分のお世話になった名古屋文化キンダーホルトで保育士として働くことになり、毎日笑顔を忘れず、子どもたちと関わっている。

II　確かな居場所

「日向ぼっこ」——孤独を癒す場所

小金丸大和

出会い

2007年。クリエイターとしては、私は成功者と呼ばれてよい状態にあったと思います。TVでは脚本を手掛けたドラマがゴールデンタイムに放送され、都内の大劇場で脚本・演出を手掛けた舞台が上演され、レギュラーのラジオ番組を何本も持ち、大手出版社のメジャー雑誌で漫画原作の仕事をし、出版した小説は大ヒット。収入も安定し、都内に新築の家を購入。何もかも順風満帆でした。……自身の、心の中以外は。

寝る時間もないくらい忙しい生活を送っていた私の元から、ある日、一緒に暮らしていた恋人が去って行きました。

そのときから、私の生活はかつての「暗黒時代」に逆戻りしました。喜びをわかちあう相手がいない孤独。栄養や睡眠に気を遣うこともない、荒んだ生活。あっという間に、私の心身はボロボロになってしまいました。体を壊しても、頼る相手も、相談できる人もいない現状。

そんなとき、施設時代の恩人から、「日向ぼっこ」なるサロンの存在を聞いたのです。さまざまな理由で施設で暮らし、施設を巣立った者たちが集まり、運営しているサロン（現在はNPO団体となっておりますが、当時はまだサークルのような状況でした）。

その場所……「日向ぼっこ」との出会いが、自分の人生を大きく変えることになるとは、そのときは考えてもいませんでした。

生い立ち

私は、東海地方の名家に生まれました。祖父が大きな工場を経営しており、3歳までは王子様のように育てられました。どんなワガママを言っても、乳母や使用人が聞き入れてくれたことをうっすらと覚えています。

その生活が破綻した原因は、オイルショックでした。祖父の工場が倒産。城のように大きかった屋敷は売りに出され、それでも家には莫大な借金が残りました。

その状況の中、まず父が蒸発しました。祖父の工場の経営責任者の一人であった父は、その責任も、また家長としての責任も放棄したのです。次に、母が実家に引き取られました。良家であった母方の祖父母にしてみれば、父が蒸発した後、母をその家にそのまま住まわせることは、到底許せることではなかったのでしょう。

こうして、当時三歳の私と一歳の弟の、流浪の人生が始まりました。親戚の間を文字通り「たらいまわし」にされる生活。施設や、他人の家に暮らしたこともありました。ただ、弟と引き離されることがなかったことだけは、感謝しています。そんな状況の中、私は育ちました。

母方の祖母による虐待

やがて物心がつく歳になると、いろいろな大人の事情もあったのでしょう、母方の祖父母が私たち兄弟を引き取りたいと言ってきました（ちなみに、母は再婚し、すでに家を出ていました）。それが安定した暮らしに繋がると思っていた私に、異存はありませんでした。

また、母はもういないと知りながら、定期的に母と会えるかもしれないという期待、また裕福であった母方の実家での生活は、それまでの我慢に我慢を重ねるような生活からの脱却を可能にするものだと信じておりました。

ところが、その先に待っていたのは、それまでの厳しい生活すら幸せに思えるほどの悲惨なものでした。

良家である母方の実家は、マナーについて何の教育も受けていない私と弟に対し、徹底的に厳しい教育を行ないました。手を洗う、うがいをするどころか、歯を磨く習慣、爪を切る習慣すら身についていなかった私たちは、祖父母、特に祖母にとっては我慢のならないものであったようです。しつけは暴力を伴うものとなり、やがていつしか虐待へとエスカレートしていきました。

何か祖母の気に障ることがあると、食事を与えてもらえない。極寒の季節に、衣服をすべて取り上げられて外に放り出されたことも何度もありました（幸いなことに、祖父母の家には蔵があったので、そこに隠れて寒さと恥ずかしさを凌ぐことができました。それがなければ、もしかしたら凍死していたかもしれません）。

また、祖母はトイレを上手に使うことができなかった私の陰茎を輪ゴムで縛り、排尿できないようにしたり、「おまえが入った後の風呂が汚い」と言って風呂の湯を抜いたり、身体的だけでなく、精神的な虐待がくり返されました。

私は常に不安を感じていたせいか、小学校に入っても夜尿症が治りませんでした。不思議なことですが、虐待は私に対してのみ行なわれ、弟は可愛がられ、無事に育つことができたのは、不幸中の幸いであったと言えるかもしれません。

痣や傷などを見つけたのか。はたまた、声にならないSOSメッセージを受け取ってくれたのか。とうとう、祖母の「躾」が行き過ぎていると判断した祖父によって、私は父方の祖父母の所に預けられることになりました。

束の間の幸せの後の孤独

それからの数年間は、私にとって唯一の幸せの記憶と言ってもよい、とても心の休まる日々でした。財産を失った父方の祖父母は極めて貧しい生活をしておりましたが、私にたくさんの愛情を注いでくれました。育ち盛りの私にお腹一杯御飯を食べさせてから、自分たちは私の食べ残しをおかずに食事をする、そんな生活でした。

祖父はタクシーの運転手、祖母は保険の外交員をして、借金を返しながら懸命に私を育ててくれました。しかし、無理がたたったのか、祖母は私が高校に入ってすぐに急死し、祖父は体を壊して入院してしまいました。

そして私は、ほんの数年の間だけの幸せな時期を終え、アパートに独り、暮らすようになったのです。コンビニの廃棄弁当が主食。学校にもろくに通わず、悪い仲間とばかりつるむようになり、悪い遊びを覚えました。暴走族の用心棒になり、喧嘩ばかりしていた十代後半でした。

あるとき、喧嘩で補導された私から私の荒んだ生活の状況を聞き、保護監察官が私をグループホーム（現在の自立援助ホーム）へと入所させました。

更生、そして社会へ

自立援助ホームから高校に通い、生活も精神も安定した私は、奨学金をもらって大学に進むことができました。そして、作家としてデビューし、働くようになったのです。作家としての才能に恵まれていた、と言えば聞こえがいいのですが、実のところ、まともな就職ができなかったというのが正しいでしょう。

保証人がいないので、アパートを借りることもできない。当然、住所も不定（大学生時代、また卒業後しばらくは、付き合っていた女性たちのマンションを転々としていました）。社会常識に欠け、清潔な衣服を身につけることも、風呂に入ることも、ヒゲを剃る習慣もない人間を、雇う会社はありませんでした。そんな中で、人付き合いが下手でも成立させることができる物書きとしての仕事がうまくいき、曲がりなりにも生活が安定したのは、本当に幸運だったとしか言いようがありません。

私はマンションを借り、ある女性と暮らすようになりましたが……家族、家庭というものに全くイメージを持てなかった私は、結婚に踏み切ることができず、結局、その女性にも去られてしまいました。

その後も何度か同棲をくり返しましたが、冒頭でも記した通り、悉《ことごと》く最後は皆、私の側から去って行きました。そうして、荒んだ生活をしているときに、「日向ぼっこ」サロンと出会ったのです。

日向ぼっこの仲間

「日向ぼっこ」の仲間とは、無条件でわかりあうことができました。皆、同様の子ども時代を送り、同様の経験をしてきているので、多くを語る必要がないことが何より楽でした。

そして、孤独から開放された私は、現在は幸せな生活を送ることができています。「日向ぼっこ」の仲間たちの頑張りがまた、私自身を励ましてくれています。

また、ずっと公表していなかった施設出身者であることもカミングアウトし、同じような境涯にある子どもたちをバックアップする活動にも、微力ながら関わらせていただいております。

ここで、私ははっきりと提言したいことがあります。

それは、親に育てられていない子ども、施設で育った子ども、虐待を受けた子どもたちの多くが、人の助けを必要としている、ということです。自分の経験を元に、あえて誤解を恐れずに書きますが、施設で育った子どもの多くは、驚くほど社会的常識を知りません。当たり前のことが、当たり前ではないのです。

また、しかるべき時期に親に愛情を注いでもらえなかった子どもたちは、発達障害と似た性格や行動の特徴を持っていることが多く、コミュニケーション能力が欠如し、社会に溶け込むことができずに孤立します。虐待を受けて育った子は、精神を患うリスクが高く、異性や薬物に依存したり、社会から完全にドロップアウトしてしまうケースも多く見られます。

勿論《もちろん》、施設で育った子どもの中にも、立派に成人し、家庭を持ち、社会生活を送ることができる人はたくさんいます。けれども、「そうでない者たち」はどうすればいいのでしょうか？相談する相手もいない。帰る実家もない。悩んでも、病んでも、助けてくれる人はいない。

そういう人は、どうすればいいのでしょうか？

私は現在、特定非営利活動法人社会的養護の当事者参加推進団体「日向ぼっこ」の副代表として、施設で育った子どもたちや、里親家庭に育った子どもたちの自立援助活動をさせていただいております。

私にとって、「日向ぼっこ」との出会いは、人生における大きな幸運でした。

私がどん底の時期に「日向ぼっこ」と出会えたように、私と同じような境涯にある人が、「日向ぼっこ」や、また「日向ぼっこ」のような場所や仲間と出会うことができるように、これからも活動を続けて行こうと思っております。そして「日向ぼっこ」のような場所がこれから全国にどんどん増えて、一人でも多くの人が、孤独から救われることを願ってやみません。

小金丸大和（こがねまる・やまと）◉1974年生まれ。3歳のときから親戚の家を転々とする生活を送り、15歳から17歳まで自立援助ホームで暮らす。作家・劇作家・脚本家・舞台演出家。代表作に『ハンマーセッション！』『シーダー☆ラック！』『遊撃少女遊美』『写楽』など。演劇制作体V－NET代表。特定非営利活動法人社会的養護の当事者参加推進団体「日向ぼっこ」副代表。

自立援助ホーム「ふきのとう」と私

澤田正一

私たち夫婦が自立援助ホーム「ふきのとう」の運営を始めて7年が過ぎました。自立援助ホームとは、児童養護施設などを退所した児童の中で、その後の社会生活に適応できずに困っている少年たちを入所させ生活援助などを行い、自立と健全育成を図ることを目的とした施設です。このホームに入所する少年たちは、家庭環境、生育歴において被虐待体験を積み重ねている例が少なくありません。それは私たちの想像を絶しています。両親から養育を拒否された少年や、悪徳業者にだまされたあげく、多重債務に陥りホームレスになった青年もいました。自立援助ホームには、「愛着関係を結ぶ」育て直しをすることが求められています。そのため寮母の妻と実子を含めた里親型自立援助ホームを設立しました。

私たちがこのホームをなぜつくったのかについて話そうと思います。それは28年前にさかのぼるのですが、少年Mとの出会いでした。

少年Mとの出会い

私が自立援助ホームをつくる原点となったのは少年Mとの出会いでした。彼は私と同じ養護施設の後輩でした。中学卒業後、都会からUターンし、施設で、今でいうニートになっていました。幼児期から暮らしていた施設だったので甘え放題でした。「働きもせず一日中ごろごろしているM君の面倒をみてほしい」と、施設長から彼の自立を託された私は、気軽に承諾し小さなアパートで共同生活を始めました。

まもなく彼は得意の調理を生かせるレストランに就職しました。仕事も順調に進んでいたある日、職場で習った焼きそばを私に食べさせてくれました。それがとてもおいしくて驚きました。また、夜中にたたき起こされ、「トランペットの練習をするからついてきてほしい」とねだられた末、河川敷まで同行したことがありました。それでも年齢が六つ離れていた彼を私は、弟のように可愛く思っていたのです。

数か月経ったある日、M君は理由もなく働かなくなり、一日中何もせず過ごすようになりました。ひたすらテレビを観たり、部屋の片隅にじっと座っていたりです。口数もお互い減ってきました。そういう状況が長く続いたため、私はM君にアパートを乗っ取られたかのように思えてきたのです。「Mは遊んでばかりいる……。甘ったれるのもいい加減にしろ！」。そう考えると抑えていた怒りが爆発し、アパートから彼を追い出したのです。私自身、高校卒業後、厳しい生活をしてきたのでM君の態度が怠慢に見え、その依存心を許せなかったのです。

居場所を失ったM君は友人宅を転々とする日が続きました。そして彼は一度も会ったことのない母を探しに旅立ったのです。しかし願いは叶わず、次に父を探すことにしました。父に会うことには成功したものの、一緒に暮らすことを拒否され、近くのアパートで一人暮らしを始めました。

ところが、そのアパートで彼は生きて行くことよりも自らの死を選んだのです。ウイスキーを暴飲し、ガスが充満した部屋で翌朝発見されました。そのM君の心情を思うと私は無念でなりませんでした。父を探しに行くという彼に「しあわせになれよ」と励ました、それが私の最後の言葉になりました。

私はM君の心身の状態を理解できずに、せっかちにアパートから追い出した自分自身を責めました。M君がうつ的状態だったことを見抜けなかったのです。〝愛のルーツ〟を求めてさまよったM君は夢と現実に折り合いをつけられず、もがき苦しんでいたのでしょう。

やがて私は「社会へ巣立った子どもたちの心のよりどころとなる家をつくりたい！」と思うようになり、福祉の道を選んだのです。人は自分が愛されて生まれてきた証しを求めます。施設で育った子どもなら誰もが望むことです。

私の生い立ち

私は1961年に神戸で生まれました。まもなく父が亡くなり、母と姉の三人で母の郷里に帰ってきました。しかし、母が病に倒れ私は乳児院に預けられたのです。記録によると2歳の頃だったようです。そのとき姉は5歳になっていたので、別法人の養護施設と乳児院に分離措置されました（当時の児童福祉法上、3歳以上は養護施設に措置される）。この時点から私たち家族は二度と一緒になれない運命をたどることになったのです。

私が住んでいた乳児院は全国でも有数の温泉観光地です。施設の眼下には、温泉街の湯煙と穏やかな海岸線がはるか遠くまで続いている風光明媚なところです。時折、鼻にツンとくる硫黄独特の匂いを嗅ぐと、今でも懐かしさがこみあげてきます。

また、夕方どこからともなく不思議なメロディが流れていました。その音楽が役場から放送されていた〝荒城の月〟だと知ったのは、小学生になってからでした。

あるとき、「正ちゃんはいつも寂しそうに窓の外をながめていたのよ……」と年老いたシスターが当時を回想してくださったことがありました。私が赤ん坊の頃にお世話になった方です。幼い頃の思い出話はとても心が満たされました。それは、ジグソーパズルの一部分がピタリとはまった瞬間のように、私の記憶の断片がつながってゆくからでした。

しかし、自分の家族を思い出そうといくら記憶を振り絞っても、脳裏には乳児院のおぼろげな記憶だけでした。

愛のルーツを求めて

幼稚園に上がる年齢になったとき、乳児院から姉の施設ではない、別の養護施設へ措置変更になりました。施設が県北と県南に遠く離れていたので姉と会うことはありませんでした。それでも私が高校を卒業するまでに、一度だけ会ったことがありました。小学生のとき、施設の行事で遊園地に行った折に、偶然に姉と会ったのです。だが、いきなり二人だけの写真撮影は友達の目ばかりが気になり、私には複雑な再会となりました。残念なことに、そのときの写真がどうなったのか、私のアルバムのどこを探しても残っていません。

中学を卒業した姉は名古屋に就職をしていました。そのことを記したハガキが一枚私に届いただけでした。

その後社会人になった私はどうしても姉に会いたくなり、大切に保管していたたった一枚のハガキの住所を頼りに広島から旅立ちました。ところが姉はすでに転居して行方不明でした。しかし、そこで諦めきれず、不動産屋をあたった末、ついに再会を果たしました。達成感と懐かしい気持ちがわきあがってきたのですが、その後の交流は途絶えたままになってしまいました。

私はなぜ姉と同じ施設に預けられなかったのか、家族再生に向けてどれだけの働きかけが実際にあったのだろうか？　子どもの視点（当事者）に立った支援、子どもを中心に考えた支援とは一体何なのかとたびたび考えるようになりました。

母は私が小学生のとき、何度か面会に来てくださいました。そのため小学卒業後は家庭に引き取られると自分勝手に思い込んでいました。しかし、中学、高校時代は母の面会はぱったりと途絶え、母の様子がどうなっているのかさえ全くわからず、社会人になった私が再会したのは亡骸になった母でした。

母の死に直面した私は十分に親孝行しなかったという自責の念と、大きな喪失感を味わい、しばらくの間、空虚感にとらわれ立ち上がれませんでした。

けれども、私の母は産みの親であり、私に大切な生命をつないでくださった感謝すべき親です。しかし、乳児院から児童養護施設を退所するまで私の親代わりとなって、全身全霊の愛をもって育ててくださった「育ての親」がいたからこそ、今の私があると言っても過言ではないでしょう。

私の考える自立とは

私はこれまで何度も挫折を味わいました。施設生活を肯定的にとらえることができず、他者と自分とに自ら壁をつくることもありました。でもそのたびに頼ることのできる恩師や地域の方がいました。この感謝の気持ちは、人々に支えられ、初めて実感できたのです。そのうえ人生の良き理解者である伴侶を得て、その壁が次第になくなっていったのです。そうした出会いが私にとって「精神的な自立」のスタートでした。

児童養護施設の子どもたちにとって、家族への思いは生きる活力になる場合があるかもしれません。しかし、いつかは自分の生い立ちをしっかりと見つめることが大切です。その際、子どもたちを受容できる大人の存在が必要なことはいうまでもありません。

私たち援助者は子どもたち一人ひとりの幸せを願い、自立を計画します。そのとき子どもの問題行動のみに焦点をあてるのではなく、「精神的な自立」につながってゆくような援助のあり方を考慮する必要があるのではないでしょうか。大人に十分に依存し相互に信頼関係を深めてゆく……。それが自立につながってゆくのだと思っています。

今、私が児童養護施設に期待すること、それは管理・規則を最優先とした集団養育ではなく「癒しの場」を念頭に置いた「家庭的養育」を実践してほしいということです。例えば、毎年のように担当の保育者が交代するのではなく、子どもの立場からみた「養育の継続」が実行され、「育ての親」の存在によって確かな愛着関係がはぐくまれてゆくべきだと思います。そして、団欒では絶えず笑い声が響いている家づくりをめざし、施設が子どもたちの実家として、いつでも帰れる居場所になるよう願ってやみません。

参考文献

京極高宣監修『現代福祉学レキシコン』〈第二版〉雄山閣出版、1998年

澤田正一（さわだ・しょういち）◉1961年生まれ。民間企業を退職後、児童養護施設小百合ホーム児童指導員として10年間勤務。現在は、NPO法人青少年の自立を支える青空の会理事長、自立援助ホームふきのとうホーム長。大分県里親協議会、社会福祉士会にも所属しています。「人はみな愛されるために生まれてきた」をモットーに青少年に生きる喜びと夢を与えたいと思っています。関心のあるテーマは、「児童虐待」「青年心理学」「里親と真実告知」。

若松寮に行けてよかった

澤村真由美

「父親だけ」が普通でした

私の一番最初の記憶は4歳の頃の父親との納豆談義です。納豆をこねている父親に「それは何?」と聞くと、「納豆って言ってな、豆の腐ったのだ。すごく臭くってな、すごく苦くってな、すごく美味しいんだぞー」と答えた父。恐る恐る口に入れたけれど、「臭い&苦い」がイメージに定着してしまい、食べられませんでした。そして、今でもこの世で一番苦手な食べ物です。せめて「香ばしい匂いだよ、美味しいよ」と言ってくれれば食べられたかもしれないのに……。

今思い返せば、食事風景に母親がいないことが普通ではないのに、私には父親と二人暮らしが当たり前のことでした。

記憶のない3歳のときに、母親がいなくなっているのですから。

私が3歳、上の弟2歳、妹1歳、末の弟生後6か月のときに、母親が子ども全員を置いて家を出てしまったそうです。原因は父親のギャンブル癖の悪さだったと、あとで親戚から聞きました。乳飲み子の末っ子すら置いていくとは、よほど父親に愛想を尽かしていたんでしょうね。男一人では子ども四人も面倒見切れない、でも全員を預けてしまうのは寂しい。3歳の私だけならなんとか面倒を見れると思ったらしく、ここで下の弟妹三人は岐阜の合掌苑という施設に預けられ、私だけ父親の手元に残ったようです。なので、小3くらいで「お前には弟や妹がいるんだよ」と教えられるまで、自分は一人っ子だと思っていました。

父親と二人で岐阜で暮らし、たまに祖母の家に遊びに行く。幼稚園が休みのときは、父親の働く建設現場のトラックの助手席でおとなしくお留守番。6歳で名古屋に来るまでのこの頃が、子ども時代で一番穏やかで楽しかったように思います。

継母

どんな理由で岐阜から名古屋に移ったのかはわかりません。たぶん、父親が借金から逃げたのだろうとは思いますが。名古屋で幼稚園に行った記憶はなし。何して遊んでたんだろう？

最近よく耳にする「放置子」。その最先端だったのでしょうね。まあ、幼稚園に入れるお金もなかったのでしょう。

小学校入学の準備で、ランドセルやおはじきに名前を書くときには、すでに継母が家にいて書いてくれました。6畳一間と台所3畳。トイレは共同、風呂はなし。この空間に父親、継母、私の6年間の生活が詰まっています。

継母は他に家庭があった人のようで、1年生の頃は、まだ家によく遊びに来るやさしいおばさんでした。自分の娘さん（高校生くらいだった）二人も連れてきて、娘さんに遊んでもらった記憶があります。

2年生頃にはずっと家にいて、「お母さん」と呼ぶようになっていました。この頃から、家が楽しいわが家ではなくなっていきました。

虐待オンパレードな生活

朝一番に耳にするのが継母の怒鳴り声。

グズグズしていたわけでもないのに、起き抜けに頭を平手ではたかれ、「早く起きんか！」。痛くて泣く私をさらに叩き、「泣き止まんかったら、もっと殴るぞ！」。学校に遅れることもかまわず、泣き疲れて泣き止むまで殴り、「先生に何で遅れたか聞かれたら、道草してて遅れたと言いなさい」。

継母が怖くて、その通りに先生に報告。家庭訪問の際に先生から指導を受けると、自分の行いは忘れてしまっていて、「どこで何してるんだ。ちゃんと学校に行け！」。また怒鳴り声と叩きのくり返しでした。

風呂なしアパートのため、近所の銭湯に通っていましたが、めったに連れていってもらえず、いつも垢《あか》とフケまみれ。自分の匂いがあまりに臭くて、銭湯の番台さんに「あとでお母さんがお金を持ってきます」と嘘をついて、銭湯にコッソリ行ったこともあります。番台さんもしばらくは見逃してくれていましたが、何度か続くと、当たり前ですが断られ、臭いままで過ごすことが多くなりました。

洋服もめったに買ってもらえないので、生地はボロボロ、丈の短いチンチクリンな物ばかり着ていました。洗濯も、なぜか自分の服だけは洗濯機で洗ってもらえず、自分で洗面器で手洗い。冬も真水で。なので、冬には手があかぎれとシモヤケでグローブのようにふくらんでいました。

名古屋に来てからも、父親にはお金がなかったようで、給食費を払った記憶があまりありません。父親や継母に給食費袋を差し出しても、「家には金がないから払えないと言え」と、空のまま返される。

4年生のときだったと思います。「給食費を払えないなら、給食は出せません」と先生に言われ、私の机だけ何も置かれないまま、皆が給食を食べているのを教室の後ろの席で眺めたことも何度かありました。

いつも汚い服、ひび割れから滲《にじ》む血、近づくと吐いてしまいそうな臭い匂い。給食費も払えないほどの貧乏な子。いじめにあう条件にこれだけ当てはまる子は、そうそういるものではありませんでした。「バイキン」「臭い」「寄るな」「あっち行け」子どもの思いつくかぎりの悪口を叩かれ、学校に行くのが嫌で、ランドセルを背負ったまま、公園のベンチや人の来ないビルの屋上で時間を潰しました。

家に戻れば、継母に殴られる。殴る理由は、学校に行かないこと以外にも、そのときによってさまざまでした。

「あんたの顔を見てるとムカツク」
「返事がすぐに返ってこなかった」
「泣き止まないから叩くんだ」

「あー、ムシャクシャする」

学校は楽しいところではなく、家もなるべくならいる時間を減らしたい。そうなると、自然に夜に外をフラフラすることが多くなりました。

夕飯も食べていないので、また学校に戻り、給食の残りのパンや牛乳を漁って飢えを満たし、夜は24時間営業のゲームセンター（今は12時までですが、昔は24時間でした）の中に置いてある漫画を読んで時間潰し。

お巡りさんに保護され、家に戻されるときも、なかなか住所を言わずに手こずらせてしまっていました。お巡りさんに連れ帰られたときは、いつもより叩きがひどくなってしまったので、それ以後は近所の空き家に忍び込み、ダンボールを敷いて寝ていました。

若松寮

小汚い格好で学校にも行かず、フラフラしている子ども。

周りの方は心配してくれたのでしょう、小6の秋、私は民生委員の人の家に連れていかれ、何人かの大人の人と話をしました。

- 家にいるのは継母
- 毎日叩かれていること
- ご飯もあまり食べていない
- 家に帰るのが怖い

こんなことを話したように思います。

しばらくして民生委員の人と一緒に児童相談所に行きました。自分は保護されたとは思わず、「悪いことばかりしたから、少年院に連れていかれるんだ」と思って泣いてしまいました。

相談所で面談をし、いろいろ話をする中で、やっと自分の置かれている状況が普通ではないことを知り、このまま家に戻るか福祉施設で暮らすかどちらがよいかを聞かれたときに、「家はイヤ」と答えることができました。

1か月半ほど児童相談所で過ごしました。

クリスマス直前の12月20日頃だったと思います。40度の熱を出し、職員の方が看病してくれるのをボーッとした頭で「何にも言わなくってもタオル換えてくれて、ご飯はお腹にやさしいのが出てくるって、すごくうれしいなぁ」と考えていました。

殴られるのが当たり前になってしまった小学3年生以降は、病気をして家で寝ているときも、継母の目になるべく入らないよう壁のほうを向いてジッとして神経を使っていましたから。

私が若松寮に移ったのは、熱も下がってすぐの23日でした。

翌日はクリスマスイブ。クリスマス向きの夕食で鳥のモモ肉やピラフが出て、家にいるときは誕生日も何もなく、イベントもない生活をしていたので、なおさら特別なご馳走に感じました。

翌朝には枕元にノートと可愛いピンクの定規が入ったプレゼントまで置かれていて、移ったばかりでこんな良い思いしていいのかな？と、かえって怖くなったりもしました。

家にいるときとはまるで違う生活。

当たり前にご飯が食べられて、当たり前に学校に行く。お風呂にもキチンと入れ、夜は部屋の中で布団で眠る。「普通の生活」というものがこんなに幸せなんだと、毎日が感謝感激でした。この感謝は卒業してからもずっと持っています。

「普通」に慣れるまでにはしばらくかかりました。

洗濯機の使い方がわからず先生に教えてもらったり、頭を洗った後にはリンスもするということをはじめて知ったり。

物理的な生活面でもなかなか慣れませんでしたが、精神面でもかなり苦労しました。友達というのもほとんどいなかったので、人との距離感がつかめずに、相手の都合も返事も聞かずに自分の気のすむまで先生や同室の人たちにしゃべりまくっていました。最初の1年くらいは、さぞ先生や同室の子たちをウンザリさせていたと思います。ほんとうにすみませんでした……。

小学生のときにはあまり栄養が摂れていなかったので、中学の制服の採寸時、130センチあるかないかで、特注で小さな制服を作っていただきました。が、1年で15センチ身長が伸び、2年に上がるときにまた作り直すという、私にとってはうれしい誤算もありました。

今の児童養護施設では普通になっているのでしょうが、私が在寮していた頃はまだ高校進学も一般的ではなく、中卒で住み込みのある就職先に行くのが普通でした。

ほとんど交流がなかったとはいえ、下に3人の弟妹がいるなら、少しでも早くお金を稼いで弟妹の役に立ったほうがいいのだろうかと、私も進学か中卒ですぐ働くかで悩みました。

その頃はまだ若松寮で職員をしていた長谷川眞人先生（元日本福祉大学教授）に、「高校に行ける学力がキチンとあるのだから、何も悩まず受験しなさい。今だけを考えずに、先を見ることも大事だよ」と言っていただいたことは、今でも感謝しています。

親と福祉

あのまま家にいれば、中学に通うことすらままならなかったでしょうが、自分にとっては最良のタイミングで保護をしていただき、何不自由なく中学・高校生活を送らせてもらいました。高校卒業後、就職。子どもこそいませんが結婚もし、穏やかに過ごしています。

施設は所詮施設、家で家族と過ごすのが一番よいのだという方も多数いらっしゃいますが、少なくとも私には全く当てはまりません。中3の夏に若松寮について綴った作文に「私の親はほんとうの親以外の人たちです」というタイトルをつけました。今つけるなら、「私の親は親ですが、育ててくれたのは親以外の人たちです」になります。

生活面、精神面、いろいろなことで子どもを育てることに限界を感じている方がいらっしゃると思います。「福祉に頼るのは恥」ではないと思います。限界前に頼っていただければ、私のように親に対して希薄すぎる感情を持つ子はいなくなるはずです。

児童養護施設、里親、養子、グループホーム、いろいろな形態があります。親子離れて暮らさない場合でも、いろいろな相談機関があります。どうかご利用ください。

自分を、子どもを、守るために、ぜひともお願いいたします。

親から守られなかった子どもからの切なる願いです。

澤村真由美（さわむら・まゆみ）◉1970年生まれ。3歳のとき母親が家出。下に3人の弟妹がいたが、父親だけで養育できないので、岐阜の児童養護施設に入所。自分だけ父親と名古屋に移る。父親、継母と3人で生活。主に継母からの虐待を受ける。深夜徘徊が目立つようになり、民生委員の通報で保護される。小6で名古屋市立若松寮に入寮。高校卒業まで在寮。現在は同じ若松寮出身の男性と結婚。子どもはなし。

二組の里親家庭で育って

高橋成貴

乳児院から里親へ

私は18歳までに二組の家庭に委託されました。一組目の家庭に委託されるまでは乳児院にいました。乳児院にいたときに知らないおばさんが私のところに何回かきて、一緒に遊んだり、お話をしたりしていました。そのおばさんが私の最初の家庭となった里親さんでした。誰だろうこのおばさん、と思いながら遊んでいるといつの間にか、乳児院を退所することになっていました。季節はクリスマス。乳児院でサンタの格好をした職員がプレゼントを一人ひとりに配っているところでした。プレゼントとしてもらったおもちゃのゴルフセットを片手に里親さんのもとへ行ったのをよく覚えています。

母（里母）は私をとても可愛がってくれていたと思います。よくひざの上に乗せて歌を歌ってくれたり、手をつないで父（里父）を迎えに行ったりしてくれました。しかし、私が5歳になったとき、突然弟が委託されてきました。真実告知は委託されて小さいうちに「実のお母さんは死んでしまって、お父さんは行方がわからないから、今は私たちが代わりの親なんだよ」と言い聞かされていました。しかし、自分に弟がいたことを初めて知って、いきなり兄になるなんて違和感だらけでした。おもちゃは取られるは、お母さんを取られるはで、弟とはケンカばかりでした。弟なんて来なければよかったと言ったこともありました。一緒に遊ぶ以外、特に兄らしいこともできずにいましたが、大学へ入学した辺りから、距離感が少しずつ近づき、今では一人ではなく弟がいてよかったと思っています。肉親の家族は弟しかいないので、これからもお互いにサポートしていきたいと思います。

小・中学校時代

小学生になると授業参観がとても嫌でした。なんせ自分の親だけ、白髪で誰が見ても「おばあちゃん」だったから。いちいちクラスメートに話すのも嫌だったし、「お前、親いないんだ」といじめられるのが怖かったからです。家では時間を守れなかったり、勝手に物を食べて叱られてばかりでした。家の人は厳しいしつけで、食べ物は何でも許可を取らないと食べられなかったり、悪いことをするとご飯抜きなど本当に厳しい家庭でした。この頃から「何で自分には親がいないんだ」「何でこんな俺が生まれてきたのか」と感じていました。

中学生になると反抗期になり、母と毎日ケンカしました。ケンカするたびに家の壁は穴が開くようになりました。そのときに周りに味方がいなくて、唯一話をわかってくれていた友達のところへ家出をしたり、学校を終わってもその友達とゲームセンターへ行ったり、ぶらぶらして家に帰る時間が8時や10時になることが多かったです。「こんな時間まで何してたの？」と怒鳴られ、「部活だよ～」と嘘をついていました。まあ、学校に電話されてバレてましたが……。叱られるたびに「こんな家、来たくなかったわ～。出て行ってやる！」「血の繋がった本当の親ならこんなにケンカしなかったし、こんなに荒れんかったわ」と怒鳴り散らし、ついには「うっせー、クソばばあ、死ね、ぶっ殺すぞー」と本当にめちゃくちゃでした。母も一方的にムキになって押さえつけ、向こうも向こうで「だったら出て行けー、18歳になったらすぐに出て行きなさい」とひるむことなく、争いごとが絶えませんでした。私は自分のことを、世界で一番不幸だと思っていました。誰にも理解されず、孤立した人生。唯一の味方だった友達とも、もう遊ぶなと母から言われ、そのため私は母に対して何度も殺すぞと思っていました。台所でケンカしたときは包丁を手に取り、今度こそ本当に殺してやろうかとも思いました。そのときは木のまな板に包丁を突き刺すだけで終わりましたが、そのくらいむしゃくしゃしていましたし、すべてがうまくいかずに居場所を失っていました。せめて周りに理解してくれる人や、話だけでも聞いてくれる人がいれば何か変われたかもしれません。このときは向き合ってくれる人が必要だったと思います。

母は、歳が歳で昔の人なのでお小遣いもなく、中学1～2年の頃は、もらえても月300円でした。足りないから脅したり、学校の教材を買うからと言って嘘をついてお金を調達していました。それでももらえなくなると、こっそり母の財布から盗むようになりました。怖いもので、一回やると止められなかったです。まあ、幸い警察のお世話になるようなことはしませんでした。それは進学に響いたら嫌だったからです。

高校時代と委託変更

毎日母とケンカしながらも、何とか高校に通ったのですが、母は精神的にも身体的にも限界がきて、狭心症になってしまいました。これを境に大阪の、母の実子にあたるお兄ちゃん（二組目の里親）の元へ委託変更になりました。もともと母の実子であったため、委託されても「お兄ちゃん」、お嫁さんを「お姉ちゃん」と呼んでいました。

ケンカ別れのような感じで家を出てきたので、最初の3か月は、母から電話があっても居留守を使って口もききたくありませんでした。新しい生活が始まって落ち着くと、長い休みには毎回一組目の里親の元に帰省していました。まあ、毎回ケンカして帰ってくるのですが……。二組目の里親は熱心で自分の声に耳を傾けてくれる人でした。しかし、この人はこの人で口うるさいし、話が長いしで大変でした。おまけに昔、柔道やアメフトをやっていて体格がよかったので、暴れるなんてことはできませんでした。でも自分と一番向き合ってくれる大人でした。委託変更をしてくれたのも、高校を探してくれたのもこの人なので、とてもありがたかったです。ここの家庭では「自立」を教えてくれた気がします。

高校3年になって、進学か就職かですごくもめました。私は苦労することが嫌いなので、「受験勉強しなくていいから就職するわ～」と宣言したかと思えば、「やっぱ進学するわ～」と、ころころ意見を変えて、苦労することを先延ばしにしようとしていました。そのたびにお兄ちゃんからの進路指導があり、夜中の3時まで話し合ったこともありました。受験勉強を真剣にやり始めたのは11月からでした。周りから大分遅れてのスタートになりました。朝7時50分に学校へ行き、帰ってきたらすぐ勉強。早朝の3時や5時までやっていました。周りのサポートのおかげでなんとか4年制大学へ進学することができました。ちなみに合格通知をもらったとき、私と兄はうれし泣きしていました。このときは人生で一番勉強しました。合格を母に知らせるととても喜んでくれました。しかし、これが最後の親孝行だったのです。母は帰るたび、元気がなくなっていきました。

大学生活と母との別れ

大学生活に慣れ始めた5月の母の日に電話しました。「どうしたの？」「あのー、今日母の日だからさ～」。母はひねくれ者なので「誰かに電話しろって言われたんでしょ？」と言って、素直ではないけど喜んでいたのでうれしかったです。このとき入院することを初めて聞きました。検査入院で短期間だけと言っていたので安心しきっていました。5月下旬、突然兄から電話がかかってきて出ると、「お母さんの余命、もって今年いっぱいなんやって」。いきなりの余命宣告に驚き、声も出ませんでした。あんなに自分とケンカして元気だったはずなのになぜ？全く実感が湧きませんでした。しかし、お見舞いに行くたびに弱っていきました。普段くれるはずのなかったお小遣いを、「お金大丈夫？」と心配してくれました。でもなぜかすっごくもらいにくかったです。兄からかかってくる電話のたびに、だんだん母の余命が短くなっていきました。最初の今年いっぱいが半年、3か月、1か月と……。

7月中旬、兄から急いで病院に来いと電話があり駆けつけると、最後の薬を飲むところでした。身体中がボロボロになり、モルヒネを投与しました。母はその日のうちに息を引き取りました。私は今までにないほどの涙を流し、とても悲しみました。やっと親孝行ができると思ったら、突然いなくなってしまい、焦燥感に駆られました。なぜもっと親孝行してあげられなかったのか、とても後悔しました。あれだけケンカしたけど、この家庭にきて本当によかったと思えた瞬間でもありました。孝行のしたい時分に親はなし、とはまさにこのことでした。今ではお互いあのときのことをゆるしあえたと思っています。母が死んでから、本当の気持ちで「ありがとう」と思えるようになりました。子どものときに母と約束していた、「20歳になったら神奈川の川崎まで行って、お父さん探そうね」という約束を果たせなかったけど、母は本当の母以上に母でした。文章で伝えるのは難しいですけど、母には本当に感謝しています。思春期で荒れていたときだって、どこに矛先を向けたらよいのかわからない私のもやもやを、真正面から受け止めてきた母だから。本当に失ってから気づくことがたくさんありました。

現在の自分と今後

私は今年、大学を卒業して社会人になりました。これまでに本当に多くの人たちに支えられながら今があります。食べ物に困っていると言えば、各地からお米をいただいたり、野菜を送ってくれたりと、一人ではないことに気づかされます。大学では福祉を学んでいて、社会福祉士の資格を取れるように励みました。在学中にＩＦＣＯ（国際フォスターケア機構）の大会に参加させていただき、世界中の里親家庭で育った当事者の人たちと交流する機会がもてました。

なかなか当事者の人たちと語る機会はなく、ましてや世界中の当事者と語ることなど夢のような話だと思っていましたが、そのようなことができ、すごくいい経験になりました。自分は一人ではないことを改めて実感したり、施設や里親を何回も変更してホームレスにもなったけど、最終的にはマッチングがうまくいって今の家庭に落ち着いたというような、自分よりももっと辛い経験をしたことがある人の話も聞くことができました。それに今でも連絡を取り合う仲間に出会えました。欧米は、里親養育が社会的養護の中でも主流ですが委託変更が何回もあったりする一方、日本の里親さんは一人の児童と長い期間かかわってくれるので、お互いのよさも気づくことができました。

ＩＦＣＯの大会から帰ると、当事者同士の集まりがすごく大切であると思いました。当事者の気持ちを一番わかるのは同じような境遇の人なので、そこで語りあったり、理解しあったりすることができる環境があればいいなと思っています。欧米のＩＦＣＯは当事者同士で集まり、会議なども行っています。しかし、私も行きたいのですが、大陸や言葉が違うのでなかなか行けません。海外が無理でもまずは日本で、全国の当事者と集まり、交流がもてたらと思い、活動しています。私は高校生の頃、居場所がなく、孤立していましたから、同じような境遇の人に会ってみたいと思っていました。なので、きっと自分以外にもそのように思っている人がいるに違いないと思います。交流がもてたら当事者理解ができたり、「こういう制度があればいいな」や「進学したいけどどうしたらいいの」など、制度を変えていく力にしたり、将来の夢をかなえるための進学についてのアドバイスなどがしたいと思います。

私が実際大学進学して思ったのは、特例として、20歳まで措置延長が可能なのですが、自治体によって決まりがバラバラなので、全国共通で措置延長できるようにしてほしいと思います。特に、大学や専門学校・短大などに進学した子どもには必要であると思います。社会的養護を受けた子どもたちも、夢があるなら、叶えられるような環境にしていきたいです。その夢が、進学しなければ叶えられないのなら、奨学金の充実と、20歳までの措置延長が必要だと思いました。子どもたちの夢を叶えるために、措置延長の仕組みや奨学金ももっと充実していかなければならないと思います。学力が不十分で奨学金を受けられなかったり、親がいないからなど、そんなことで夢をあきらめてほしくないと思いました。社会的養護でも進学していいんだと思える環境をつくっていきたいです。

私がこのような活動をするようになったきっかけはＩＦＣＯなので、少しでも多くの当事者がＩＦＣＯの大会に行ってほしいと思います。そして日本の社会的養護の制度をもっともっとよくしていけるような仲間をつくり、次世代の子どもたちを支えていきたいと思います。ＩＦＣＯの大会に行くにはお金がかかり、行きたくても行けませんが、誰かサポートしてくれる人がいれば、行きたいです。また他の当事者の人がＩＦＣＯに参加できるように募金も募っています。日本を支え、変えていく若者に理解がありましたら、関係団体等に寄付をお願い致します。

今後も子どもたちの声に耳を傾け、私がそうだったように、居場所がなかったり、生きる意味を失っている子どもたちをサポートしていきたいと思っています。日本の社会的養護はアフターケアがほとんどないので、自立援助やアフターケアなどの環境を改善していくことも必要だと思います。里親養育を経験したＯＢとして、里親養育がよりよくなるために子どもの声を反映させていけるように頑張っていきたいと思います。また、ＩＦＣＯの世界大会が２０１３年に大阪で開催されようとしているので、その際には多くの当事者が参加してほしいと願っています。

最後に――里親さんにお願い

里親さんは子どもの将来のことを考え、良い方向へ導びこうとしてくれます。しかし私もそうだったように、思春期にはそれがわからず反発ばかりしていました。こうして社会人になった今、ようやくそのありがたみがわかってきました。里親さんたちにお願いしたいのは、今やっていることの結果をすぐに求めず、少し待ってください。子どもはそのときわからなくても、いずれわかる日が来ます。親というのは唯一の存在であり、かけがいのない家族なのです。決してつきはなさず、成長を見守っていただければと思います。私もこの歳になって、ようやく少しずつ感謝できるようになりました。「おやじ（里父）、おふくろ（里母）、ありがとう」と思える日が必ず来るので、あきらめず待っていてほしいと思います。

高橋成貴（たかはし・なりたか）◉1990年、神奈川県に生まれる。3歳になる前に乳児院から里親家庭に引き取られ、18歳まで二組の里親家庭で育つ。現在、大学を卒業し、大阪の一般企業に就職。仕事が落ち着いたら、社会的養護を受けている子どもたちの相談にのったり、何かアドバイスできればと思っている。

いまだかつてない「わたし」の語り

中村みどり

あらためて自分の人生を振り返ってみると、さまざまなことが思い出されます。まだ人生26年なのですが。悩み多き、振り返りとなりました。

自分が経験したこと、いま考えていることなど、今回は私の経験と言葉のみで伝えたいと思います（社交辞令はなし）。みなさんに、あるひとりの人生の語りが伝わりましたら幸いです。

振り返り

家が汚く、子どもたちは毎日同じ服でにおいもする。そのことで他の子どもたちから嫌われ、学校に行かず下の子の面倒を長女がみていました。「親は子育てせんと何してるねん」と思いきや、わが家のことでした……。母が病気になったので、きょうだい全員で施設に入所することになりました。私は八人きょうだいの中でも末の方で、よく兄、姉が面倒をみてくれました。

ちなみに、施設から長期休暇で家に帰省したときに、まずみんなでやったのが、「家の大掃除」でした。冷蔵庫から床まで埋め尽くされた小さいゴキブリたちを追い払うべく戦っていました。食べ物は少なく貧しい……早く施設に戻りたいと思っていました。でも、きょうだいたちと過ごせることだけが唯一の楽しみでした（施設ではきょうだい同士でいることがほとんどない状況だったので）。

施設にいると、学年別、男女別に過ごすことが増え、きょうだいとは関係が疎遠になってしまいます。あまりしゃべらなくなり、施設を退所すると連絡することも少なくなります。

私の小さい頃の夢は、きょうだいと一緒に家族写真をとることでした。姉や兄が施設を退所するときには、もうあまり会えなくなるんだなと寂しい思いをし、六人の退所を見送ってきました。

父が亡くなった後、施設に会いにきてくれる人が兄姉だけになりました。他のみんなには会いにきているのに、私だけ会いにきてくれない存在。それが、ケースワーカーさんでした。父が亡くなった後から誰がケースワーカーさんなのかもわからず、施設と学校の先生以外に私をみてくれる大人はおらず、ケースワーカーさんが会いに来てくれる周りのみんなを羨ましく感じていました。私のケースワーカーさんは誰だったのでしょうか？　今でもふと気になるときがあります。

私の人生はすべて施設生活だったので、自分を振り返るときには施設での出来事を思い出すことになります。その中でも鮮明に覚えているのは、毎年たくさんあった施設の行事です。施設の子どもたち全員参加のキャンプや子どもから大人まで出し物をするクリスマス会など。同じ施設で育った仲間と話すときは、常に盛り上がる思い出話の一つです。

そして、ズバリ職員（先生）に尽きる施設生活。相性が合う・合わないがあるので、常に先生の勤務表をチェックしていました。けれども、昔は苦手だった先生とよく話をするようになったり、施設を出た後もつながっている先生は少なくないです。高校生になると、施設の職員ってよくこんな大変な仕事をやっているよな、と思ってました。いろいろな先生と出会ってきましたが、他の施設の先生は今でも「怖～い」存在です。失敗すると、怒られそうで……。

施設生活の中でも、すごく有意義だったのが、「お茶の時間」です。私は、「お茶の時間」がすごく好きだったので、よく（好きな）先生や気の合う仲間を招待していました。「お茶の時間」は、お茶をみんなで飲みながらしゃべったり、まったりする時間です（みんなよく付き合ってくれていたなぁと今でも感心します）。こういった時間が先生や仲間とのつながりを深くしたのかなぁと思います。

自分探し

大学生の頃、自分っていったい何者だろうと思い悩み、自分探しの小旅行をしたことがありました。二人の友人が協力してくれ、本籍地をたどってみました。

私の父が生まれ育った場所について知ろうという（それ以外に方法が思い浮かばなかったので）ことで、本籍地のある役所へ。そこで、父の戸籍を取ることができ、さらに本籍地を探してみました。法務局にも行き、昔の地図を探し出しましたが、残念なことに、今は残っていませんでした。すごくドキドキしていたのですが。

《自分探しの旅でわかったこと》

1　戸籍は情報がいっぱい記載されている。

2　父は中学校を出て、単身で上京をしてきたという経緯は知っていましたが、こんな遠い道のりを一人で旅してきたのだなぁということ。

私は、基本的には両親とも憎み続けてきましたが、「父」もさまざまな人生を歩んできた、一人の人間なのだなと思えました。すごく成長できた旅でした。食べものも美味でした。

施設で生活していたときに感じた「他の子とは違う」「自分は誰？」「なんで施設に入らないといけなかったのか？」といった思いがふとよみがえってきました。自分のルーツを知ること、自分の過去と向き合うことはすごく大切だなと感じました。ルーツ探しに付き合ってくれた友人に本当に感謝です（たぶん、友人がいなかったらできなかった！）。

確かに自分から聞かなかったけど……教えてくれてもよかったのにと思いながら、生きてきましたが、やっぱりルーツを知ること、自分の生い立ちを知ること、施設に入らざるを得ない状況があったことを知ることの必要性を感じました。

ＣＶＶ

私の記憶している人生の多くは、ＣＶＶ（Children's Views & Voices）という活動と深く関わっています。ＣＶＶは、児童養護施設で生活している子どもや施設を退所した若者の居場所活動をしています。高校2年のときにカナダに行く機会があり、一緒に行ったメンバーとＣＶＶを立ち上げました。名前の由来には、子どもの視点から声を発していこうという思いがこめられています。細々と活動し、２０１０年6月で設立10年目を迎えました。

たくさんの人たちと出会い、つながりながら続けられたと思っています。ＣＶＶは常に「居場所」づくりを大切に活動してきました。最近やっと力を入れはじめたのが「発信」です。ブログやニュースレターを通じてCVVを知ってもらおうと取り組んでいます。

ここ数年、「社会的養護」がクローズアップされるようになり、社会から忘れられていた「子ども」の存在がやっと表面化してきたなと感じます。そして、全国で社会的養護に取り組む当事者団体が立ち上がってきました。さまざまな出会いが私を励まし、勇気づけてくれました。今まで一人で生きてきたという思い込みがあったのですが、CVVに参加する中で、みんなに支えられて生きているんやなぁと感じるようになりました。

最近思いふけっていること

最近、知り合った方と「血縁」についての話をしているときに、最も「血縁」を気にし、固定化された家族像に悩み続けていたのは自分だったことに驚きました。私は、「血のつながりではない家族」のあり方を常に考え、それが社会に浸透していくことを願っています。一方で、自分が血のつながりの中で育ってこなかったことへのマイナスが影を落としていることも感じています。でもやっぱり、私は施設で育っているので、血のつながりがなくても大人たちの温かい愛情と信頼関係が育っていれば、子どもは育つと信じています。

そういえば、人生に一度だけ母親と会いましたが、「誰？」という思いを持ちました。なぜなら、私は母の顔や名前も知らなかったからです。たぶん、全く別人でも私は「母親」なんだなぁと思うと思います。はじめから「母親」が存在しなかったので、これからも私の人生に「自分の母親」は存在しないと思います。でも、施設でお世話になっている職員の方や気にかけてくれる周りの方が、私を育ててくれていると感じています。最近出会った里親さんたちが、一生懸命里子さんを育てられているのをみて、血のつながりがなくても子どもは育つと実感しています。

日本には「里親制度」が存在するとは知っていましたが、ホンモノの「里親」さんに会ってお話したことはほとんどありませんでした。最近出会う「里親」さんには、すごく新鮮でたくさんのパワーをもらっています。

みなさんどの方も「子育て」真っ最中で、子どもたちと向き合っています。ほんとにすごいなぁと思います。また、里子さん、実子（親が里親をしている方）さんとお会いする機会も増え、なぜ今までつながってこなかったのだろうと、不思議なほど共感できることがたくさんあります。これからもこの「つながり」を大切にしていきたいと思っています。反対に、大人が愛情を持って子どもたちを育てなければ、辛く悲しい子ども時代を過ごすことになってしまうとも思っています。

悲しいということで思い出すのは暴力です。施設生活で暴力があったときには、しつけの一つの手段として「暴力」を使っていたのだと思ってきました。私は、少なからず「暴力」に苦しんだし、ほかにいろいろな方法があるのに暴力をふるうのは理不尽だと思うし、自分で自分を救えなかった、という思いが今でも残っているので、「暴力」は何も生み出さないと思っています。また、暴力は弱いものへと引き継がれてしまうという体験をしているので、やっぱりどんなときでも「暴力はちょっと……」と言いたい。あくまで、個人的な経験なのと、これまで「暴力」をふるう側に立ったことがないため、今後のことはわかりませんが、できれば暴力をふるわないような暮らしがしたいと思っています。

当事者

これまで、私はさまざまな場所で「施設の生活」について声をあげ、たくさんの人たちに知ってもらいたいと活動をしてきました。しかし、なぜ、「施設で生活していた」というだけで、他者に自分の中身をさらけ出さないといけないんだろうという思いにかられ、しんどくもなりました。さらに、「施設への文句」ととらえられたりはしないか、と周りをすごく意識してきました。期待にも応えないといけないと思ったりもしました。

また、日本の児童福祉を変えるために、「当事者の声」をもっと伝えていった方がよいと言われることが多くありました。しかし、なぜか「あなたたちに任せます！」と言われているように感じてきました。「なぜ私たちだけ」と感じてきました。施設で働いている職員の方も里親さんも研究者も「児童福祉をとりまく当事者」ではないかと。

そんなふうに考えていたとき、最近出会った方に、「当事者」とは相手と自分を区別するために使う言葉じゃないかという話を聞き、私も「当事者」という枠に囚われてきたのだなぁと、すごくすっきりしました（もちろん時には、区別をつける必要があるかもしれません）。しかし、体験した人にしかわからないこともたくさんあると思います。そして、何より体験した方の語りはすごく胸を打たれます。「当事者」が思いを伝えたいとき、無理せず語れる場は大切になってくると思っています。すべての「当事者」が体験を通して語り合い、「当事者」を取り巻く輪を広くしていきたい。そして、ネットワークに！　みんなができること、していくことを考えていきたいです。

最後に

私は長らくＣＶＶの代表（一応）に居座ってきました。活動へのスタンスやＣＶＶの活動そのものが「偏ってないか？」と常に自問してきました。

やはり、たくさんの人たちが関わる多様な視点のある団体でありたいと思っています。CVV10年目、素敵なスタッフの人たち、施設を退所した若者たち、参加してくれている子どもたち、ほんとに充実した活動になっていると思います。

お手伝いをしてくださる人たちも増えました！

CVVは長く続けられる「居場所」として、また子ども・若者が行きたいなと思う場所になるように、楽しく続けていきたいなと思っています。

かわらず（変化はあるが……）そこにある「CVV」をめざして。今まで支援してきてくださったみなさん、どうぞこれからもCVVをよろしくお願いします。

中村みどり（なかむら・みどり）◉乳児院と大舎制の児童養護施設で合わせて18年間生活した経験があります。現在は、大阪でCVVという児童養護施設で生活経験を持つ子ども・若者の居場所活動に参加しています。新たな出会いを大切にしながら、過去を整理しつつ、前向きに生きていきたいと思っています。何か〝おもろい〟ことをしながら、人とつながっていくことを大切にしていきたいです。

血縁によらない繫がりを経験して

山口匡和

生い立ち

1978年、それぞれに連れ子をもった両親の第二子として私は生まれました。四人兄弟でしたが、本当の血の繫がりをもった兄弟は二人だけでした。母親の連れ子であった異父兄は、早々に母方祖父母の養子となったので一緒に生活した記憶がありません。当時は、日豊本線の線路脇に建つ風呂トイレ共同の2DKアパートに、父、母、異母姉、実兄、私の五人で生活していました。物心ついた頃には、毎日のように父のDVを見て育ち、部屋の隅で生活していたことを覚えています。私が5歳のときに親が離婚しました。

離婚後は母方祖父母宅にて、母方祖父母、異父兄、母、実兄、私の六人で新しい生活を始めました。父のDVを見なくて済むことの安心を感じたことを覚えています。しかし、母方祖父母宅での生活も決して順調ではなく、長続きもしませんでした。次第に母が家を空けるようになり、それと並行して私の素行もすさんでいき、だんだんとエスカレートしていきました。悪戯、万引き、家出……。当然ながら何度となく警察の世話にもなりました。祖父から厳しい注意を受けましたが、悪行は全く直りませんでした。今思えば、われながら本当に手のつけられない子どもだったと思います。今だからこそ、家族に大きな迷惑をかけたと感じ心も痛みますが、当時は感覚がマヒしたかのように何も感じることはありませんでしたし、他者のことを考えるゆとりもありませんでした。それは、幼少期に健全な子育てを一貫して受けていないことも関係あると思います。

ごく当たり前の家族生活はなく、辛い思いばかりしていました。例えば、経済的基盤が弱く上履きや必要な文具を買ってもらえなかったこと、家を出ていく母を追いかけたこと、母が生活している他人の家の前まで行くために家出をしたこと……。その家からは温もりのある家の光がもれていて母の気配も感じましたが、訪ねることはできずにきた道を泣きながら戻りました。常に母を求める感情と寂しさを感じながらの生活だったように思います。

施設生活

その結果、私自身の養育困難とネグレクトで一時保護所に入ることになりました。

1987年12月8日、一時保護所を経て、児童養護施設「友愛園」に入所しました。小学3年で9歳のときでした。入所した日の朝から夜までのことを、事細かく鮮明に記憶しています。当日の朝に突然施設入所を告げられ不安な気持ちになったこと、施設に着いて館内を案内されたこと、同室の子と自己紹介をしあったこと、仲間が次々と物珍しそうに歩み寄ってきてくれたこと、一つ上の子と同じ布団で寝たこと……。

小学校時代は、とても充実していました。真面目な性格が評価されてリーダーを任されたことで自信がつきました。信頼されているという実感があったことが大きかったと思います。また、施設に入ってからは、入所前の悪行がパッタリとなくなりました。

二つの人生の岐路

思春期の中学3年、心の壁に直面します。

縛りの多い生活に不平不満をもって生活ルールを守らず、注意を受けることが増えました。わがままで理不尽な言動もしたと思います。たび重なる注意で悪循環が加速され、生活自体が投げやりになり将来のことを全く考えることもできず、「進学できなくても働けばいい」と思い、施設から逃げ出したくなることもありました。すべてのことに嫌気がさして受験に向き合える状態ではありませんでしたし、案の定、受験は失敗しました。

高校受験を失敗したことで、「中卒での就職」が現実味を帯び、私もそうなるものだと思っていました。それが施設の慣例でした。しかし施設の担当だった宮城先生から、「今のままじゃダメだ、お前らしくない」「お前が中卒で働くのはもったいない」と声をかけられたことから、私立高校への進学が認められて高校生になることができました。施設の慣例をくずしてまで私立高校の進学を許して特別扱いをしてくれたこと、どんなに生活態度がくずれて迷惑をかけても見捨てられなかったことを通じて、施設が安心できる自分の居場所だということを感じとった瞬間でした。

高校3年では、進学の壁に直面しました。

保育士を目指して進学を考えていましたが、経済的な問題から「就職進学」しか道がありませんでした。施設の先輩が毎年のように就職進学していた他県の紡績会社も、不景気の影響を受けて募集停止が決まり、まさしく八方塞がりの状態でした。就職進学をあきらめて住み込み就職で学校求人を調べていたところ、社会福祉法人が学校を所有し、なおかつ就職進学が可能な求人を運よく見つけました。無事に合格し、就職進学が決まりましたがトントン拍子にはいかず、内定通知と一緒に届いたのは、進学にかかわる費用の振り込み用紙でした。喜びも束の間、突如として金銭問題が発生しました。進学をあきらめるべきだという学校の意見に対し、就職先の法人とかけ合って就職進学に向けて環境整備をし、全面的に応援してくれたのは、宮城先生や施設長の草先生でした。

二つの人生の岐路ともいえる出来事を宮城先生と一緒に過ごしたことが、私にとっての「家庭的養育」「ケアの連続性」にあたるのかと思います。今でも、心の支えになっていますし、宮城先生との出会いがなければ、児童養護施設の職員になることはなかったと思います。宮城先生の、厳しさの中に優しさと温もりがあって、どんな状況でも信じ続けて支えてくれた姿に父親のイメージをもったのは確かです。

施設自体はすべてにおいて厳しい場所でしたが、厳しい中で過ごしたからこそ今の自分が存在していると思います。マイナスをプラスに変える考え方を教えられてそれが身につき、プラス思考で物事を考えられるようになり、辛い過去を整理できました。友愛園は心の教育をしてくれた場所でしたし、安心できる大人や仲間との出会いがありました。それが今でも続いていることは、私にとって大きな財産だし、支えになっています。育ててもらったことの感謝の思いは尽きることがありません。

社会人

施設を卒園し、専門学校と障がい者施設に就職進学しました。高校で達成した皆勤を専門学校でも続け、無事に卒業することが友愛園への最初の恩返しだと考えていましたし、喜ばせたかったという思いが何よりも強く、そのために頑張れたと思います。卒業時に、「おめでとう」「お前なら大丈夫だと思った」と言ってくれたことが何よりもうれしい言葉でした。就職進学は簡単なことではなかったけど、応援し期待してくれる人が存在していたことが、目標達成を後押ししてくれた支えでした。

母への思い

入所中、母へ依存する気持ちを当然のようにもっていました。返事は一度もきませんでしたが、毎月欠かさず手紙を書いていました。一つの依存の表れだと思います。しかし、いつしかその依存は消えました。その時期についてははっきりとは記憶していませんが、成長の過程でそうなったのか、母への期待が薄れてしまって消失したのか、母に対して無関心になったのか、その理由は今でも判りません。

今では「生んでくれたことには感謝しているけど、特別な存在ではない」という気持ちが、率直な気持ちです。少し冷酷な表現にも聞こえるかもしれませんが、これが虐待の傷跡だと言われればそうなのかもしれません。ケースにもよりますが、「親に依存しすぎず、程よい距離感で親と繋がる」ことが適度な親子関係になるのではないかと考えています。

伝えられなかった「ごめんなさい……」

物心ついたときから離婚するまで父のＤＶを見て育った私は、離婚の原因は父にあると思い込んで悪者扱いしていました。父が亡くなった今では事実を知ることはできませんが、今では、両者に何らかの理由があったのだと整理しています。そして生きているうちに「ごめんなさい……」と伝えられなかったことを後悔しています。

児童養護施設に求めるもの

一般的には親子が血の繋がりをもって家庭の中で生活をしていますが、一方の施設では、職員の入退職や異動で、必ずしも養育援助者が固定されているとは限りません。人と人との継続的な結びつきの中で〝家庭的養護〟を提供できるものだと考えているし、継続的な結びつきがない中で子どもの〝家庭的養護〟が果たして提供できるのかという疑問を感じています。児童養護施設においては、結婚して働き続けることが難しいことは常に議論にあるし、疲れながら仕事をしている職員も多いのが事実で、〝家庭的養護〟追求のためには、職員の定着は欠かせず、児童福祉法における職員配置の最低基準の見直し等を進めることが不可欠だと思います。養育者が固定されていて子どもとの結びつきが長く継続され、子どもの居場所が保障された中で、〝温もり〟〝安全〟〝支え〟等を感じてわがままが言える状況の中に、〝家庭的養護〟が存在するのではないかと考えています。このことは、私自身の施設生活を振り返って感じることでもあります。何はともあれ、私と同じように「施設で育って良かった」と感じてもらえる子どもが増えていくことを、切に願いたいと思います。

山口国和（やまぐち・ともかず）◉1978年、宮崎で生まれる。5歳で両親が離婚し、9歳で児童養護施設「友愛園」に入所し、高校卒業まで生活する。卒園後は、埼玉県の専門学校と障がい者施設に就職進学し卒業。2002年より、埼玉県と福島県の児童養護施設で勤務をし、2009年より、東京都の児童養護施設「クリスマス・ヴィレッジ」のグループホームに勤務している。

自分の人生が好き

佐野　優

「ねえ？　私はいらない存在？」

3歳のときに私の両親は離婚しました。2歳年下の弟と私は、父に引き取られたものの、おばあちゃんの家や知らない人の家を転々とする生活でした。

「いつかお父さんと暮らせるんだ」。そう思いながら時を過ごしました。

お父さんなんて嫌い——父との生活

小学3年の頃、ようやく始まった父と弟との三人での生活。待ち望んでいたその生活は、すぐに壊されていきました。自営業をしていた父は、昼はお店に出て夜はお客さんと麻雀に行ってしまう日々。残された私や弟は、夜中まで起き、お父さんの帰りをずっと待っていました。小さい頃の私たちにとって、夜はすごく怖いもので、よく弟と二人、その怖さをかき消すように過ごしていました。

〝弟を守らなきゃ〟。そんなふうに思うようになったのも、この頃だったように思います。お客さんの前だといっぱい笑って、話しているお父さんでしたが、家に帰ってくるとぜんぜん違い、あんなにうれしかったはずのお父さんとの生活がいやでいやで仕方なくなったのです。

父は私と弟をよく比べました。何でも上手にこなす弟と違い、勉強もスポーツも、友達との付き合いも苦手だった私は、お父さんと対立することも多く、殴られたり蹴られたり、「おまえなんか産まれてこなければよかった」「死ね」と言われ、暴力を受けることも多かったのです。家の中は荒れ、毎日歯を磨くことや顔を洗うことなど、当たり前のことが私にはわからなかったのです。だから髪の毛にフケがあっても、服が汚くても、気にしないで学校へ行くこともありました。可愛がられている弟を見て、うらやましくなることもありました。お父さんが大嫌いで、大嫌いで……。だけど、それでも本当に嫌いにはなれなかったのです。お店の休みや、お父さんの機嫌がいいときに連れていってくれる公園がたまらなくうれしかったから。小さな幸せだったのです。

一生許すことのない屈辱——母との生活

一緒に生活をした覚えがない母親との生活。弟をとられてしまうのではないかという不安。たくさんの「不安」を抱えながら始めた母親との暮らしですが、母親のマンションには一人の男がいました。その男は、母親の再婚相手で、義理の父親となる人でした。

この義父の存在で180度、人生を狂わされるとはこのときまだ思いもしませんでした。部屋に入り、義父を見るなり、私は義父を避けました。嫌いという感情より、生理的に受け付けなかったからです。それでも日は経つもので、母親と義父との四人での暮らしは、私にとってすごく辛いものでした。仲良くなんてしたくもないのに、離れて歩くと母親から文句を言われました。親でもない義父からは、親みたいなことを言われ、うんざりでした。

そんなある夜から私は屈辱を味わいました。義父からの虐待。それは、私が小学6年になるまで続き、誰にも言えない思いと、どうすることもできないやりきれない気持ちを少しでも晴らすかのように、私は小学校でいじめをするようになりました。自分でもどうしていいかわからなくて……。でもSOSには誰も気づいてはくれませんでした。

小学6年の頃、お父さんの病気の容態がよくなったと聞き、お見舞いに行った日、私は義父からのことを両親に言おうと決心しました。これ以上、耐えられなかった……。黙っていることが苦しかったのです。

信じてほしい。きっと大丈夫……。

そんなことを何回も自分に言い聞かせ精一杯、話をした私に、両親はこう言いました。

「優の気にしすぎ」

「されているときに言わなきゃわからないわよ」

生きていく中で、初めて本当にひとりぼっちのような気がしました。ぽっかり穴のあいたその心は閉じることもなく、大人や親を憎む気持ちしか残らなかったのです。そうして私は、自ら施設への入所を望み、中学生になる年、千葉県にある児童養護施設「野の花の家」へ弟と二人で入所しました。

大切にされた場所——野の花の家

野の花の家は、山の中にあり周りを見渡しても何もなく、こんなところで生活ができるのかと心配になるようなところで、弟と私は先生や園長ママと昼食を食べたことをよく覚えています。そして私は、この野の花で一人の先生と出会いました。今でも大切な人。それは〝さっちゃんママ〟。のほほんとして、つかみどころのなさそうな人。入所した日、最初に思ったことでした。

大人なんか……もう誰も信じない。

鎧をつけ強くいることで自分を保とうとしていた私は、誰にも心を開こうとは思いませんでした。野の花に来て初めての夜、さっちゃんママは私の布団に入りハグをして言いました。「今から優の言うことは全部信じるよ」と。その言葉は私にとってとても信じがたく、むずがゆいものでもありました。それでも話さずにはいられなかった私は、さっちゃんママにすべてを話したのです。

それから施設での生活は、慣れることで精一杯。だけど、男女の仲がよく一緒に外で遊んだり、屋上で歌を聞いたりしながら過ごし、中学校でも勉強を頑張り学級や学年で役員をやったりと人気者になり、楽しかったのも事実です。生活していく中で、さっちゃんママは少しずつ私に掃除の仕方や、人に甘えること、ご飯を食べる楽しさなど今まで〝大人〟でいなきゃいけなかった私の扉をたたき、〝子どもらしく〟いていいことも教えてくれたように思います。

そんな楽しい生活の中、中学校であることがきっかけとなり一部の人からいじめを受けるようになり、さらに施設に入所してきた子との喧嘩が原因となり学年全体からいじめを受けるようになったのです。中学が楽しくなくなった私は、してはいけない大きな問題を施設で起こしました。施設にも学校にも居づらくなり、居場所を見失ってしまった私は、先生たちや同級生と対立することでしか自分を守れなくなったのです。

中学3年の進路を決めるとき、私は迷わず就職することを決めました。でも周りには「優が就職なんて大丈夫？」と心配する人も多かったのです。それでも私の意志は固く、その気持ちを大切にしてくれたのもさっちゃんママでした。温かく、時に本気で怒って泣いて心配してくれるさっちゃんママの存在は、お母さんの腕の中にいるようでした。そうして私は野の花やさっちゃんママに支えられ、応援され、中学を卒業してすぐ就職しました。

自立と出会い――家族

就職先のお店に着くと、さっそく住まいとなる部屋へ案内されました。そこはもともと物置だったそうで六畳一間で、トイレもお風呂も鍵さえもない部屋でした。私はとても不安で、本当にやっていけるのかためらいました。けれども、野の花を退所した以上、私の居場所であるこの部屋でがんばらなきゃと、そう思ったのです。店長や社長は中国人で、仕事が始まるとわからないことだらけで、ウロウロすることも多く、自立の大変さとホームシックにすぐに襲われました。朝は10時過ぎから14時半、夜は16時過ぎから23時近くまで、15歳では働いてはいけない時間まで働き、友達もいない私は仕事以外することがありませんでした。

ケータイを持ったのは就職してすぐ。仕事ばかりで納得のいかない社会の厳しさの中、寂しさ、孤独を埋めようとして手を出したのが出会い系サイトでした。一瞬でもいいから自分を見てくれる人がほしくてはまった出会い系では、本当にたくさんの人と出会えました。しかし、怖い思いも多く、山へ放置されたり、裸の写真を撮られ脅されたり、知らぬうちに薬物に手をつけようとしていたりしました。

そんななか、出会った一人の男性。金髪に髭、黒い車に、中でかかっている曲は尾崎豊。今まで出会った人のなかで一番怖い人でした。けれど、その男性は無口ながらに私の話をよく聞いてくれ、居心地がとても良かったのです。自然と付き合うようになったその男性と、アパートを借りて同棲を始めたのは、私が16歳の夏のことです。同じお皿やコップもそろえるうれしさがたまらなく幸せでした。しかしその反面、彼と一緒に歩いていてどう思われているのか、釣り合っていないんじゃないのかなど、小さい頃の自分の存在価値の低さから、ただ外を歩くことだけでも心配で怖く思うこともたくさんありました。どんなにドライブや遠くに連れ出してくれても、私は車から一歩も降りなかったのです。彼の帰りが少しでも遅いと、嫌いになってもう帰って来ないんじゃ……と不安になり、メールや電話をし続け、パニックになる。そんな私にさすがの彼も耐えられなくなり別れようと……微妙な日がたったある日、私の妊娠はわかったのです。17歳の終わり、私は彼と籍を入れ結婚しました。おなかが少しずつ大きくなるにつれ、お金の面や自分が親になれるのかなど悩みは絶えず、それでも大きくなるおなかの中からはわが子に蹴飛ばされるのがわかり、がんばらなきゃ、幸せになるんだ、と思っていました。翌年3月になり、無事18歳で出産した私は、今まで親に対して憎しみ、恨みの塊だった気持ちが揺らぐようにもなりました。子どもが産まれ、育てるという大変さに自分が直面したからです。許せない気持ちは今でも変わりません。だけど、私や弟を産んでくれた母親、どんなことがあったにせよ、私たちを見捨てないで育てようとしてくれた父親に感謝することができたのです。そしてわが子が産まれ、そばで支えてくれる夫の偉大さや大きな心を身にしみて感じたのです。

こもれびの光、みぃつけた

私が21歳のとき、やっと感謝できるようになったお父さんが病気で亡くなりました。お父さんが亡くなってから看護師さんから聞いて知った娘を思う父の気持ち。私は父の死をきっかけに自分の生い立ちを振り返ることにしたのです。そして、今の自分にできること、それが、自分の生い立ちを知ってもらうことや、施設のことをもっと多くの人に知ってもらえるように話をすることだったのです。そうして、２００８年6月、たった二人で立ち上げたのが、社会的養護の当事者参加民間グループこもれび。最初は、見えるか見えないかの小さな光だったこもれびが、今では多くの人に支えられ、つながり、足跡を残しています。

誰か一人でも自分を思ってくれる人がいる。そう思えるだけで、人って強くなれるし前を見て歩き出せると思うんです。だからこれからも、自分ができることを探してたくさんの人の光を見つけたいと思うのです。

佐野　優（さの・ゆう）◉1986年生まれ。3歳のときに両親が離婚。虐待や養育困難が理由で、中学1年から3年までを児童養護施設「野の花の家」で過ごす。15歳で退所後、住み込みで就職。17歳で妊娠・結婚をし、2008年6月に、社会的養護の当事者参加民間グループ「こもれび」を立ち上げる。人とのつながりを大事にし、講演会や施設訪問、交流会などで活動中。2か月に一度、広報誌「こもれび通信」を発行している。

いつも子どもたちの目線で

清水真一

私の経歴

私は1976年8月、名古屋市守山区で生まれました。出産時に逆子で肝臓破裂をしており、また一時無呼吸状態にもなり、救急で春日井コロニー中央病院に搬送され、緊急手術を受けて一命を取り留めました。

80年6月に両親が離婚。親権者は父親となり二人暮らしになりましたが、翌年7月、連れ子同士で父が再婚しました。この年の9月に弟が生まれましたが、85年9月、父が勤めていた店で借金が発覚。父は行方不明になり、継母と離婚しました。私は、親権者の父親が行方不明のため、継母が児童相談所に相談をして施設入所となり、小学校3年生から高校卒業までの9年間、施設でお世話になりました。

1994年3月、高校卒業のため養護施設を退所。愛知県一宮市にある特別養護老人ホームに調理員として2年間、介護職員として2年間の計4年間勤めました。社会人として、福祉施設職員として、貴重な経験をすることができ、今の自分を育ててもらったと思っています。98年4月、育った施設の法人が運営する老人ホームのデイサービスセンター主任として2年6か月、生活指導員として3年6か月、計6年間勤めました。2004年4月からは自分が育った児童養護施設の児童指導員・事務員として勤務しました。

施設生活の思い出

施設で育ち、一般家庭では体験できない集団での生活。楽しいことも、嫌なことも、辛く悲しいこともありました。小学3年生の秋から施設での生活が始まりましたが、当時お世話になった職員の方とは現在でも時々会う機会があり、食事をしたり、自分の悩みなどを聞いていただくこともあります。今考えると、きっとこの頃に出会った職員の方の影響で福祉への道ができたのだと思います。

A施設に勤務していたY先生は、子どもにはさわらせてはいけないワープロを私に教えてくださり、興味を持たせてくださいました。子どもだった私にはとても貴重な体験で、ワープロに興味を持ち、高校ではワープロ検定で2級を取るきっかけになり、今でも感謝しています。

また、施設の中で事件があったときにI先生から「この子は絶対に万引きなど悪いことをする子ではない」と言って守ってもらったこともありました。

小学6年生の夏休みにB施設へ措置変更となり、後に勤務する施設に移りました。中学時代は、夏休みに社会福祉協議会が主催しているサマーボランティアスクールに参加して、地域福祉のボランティア活動をしました。このボランティア活動を通してますます福祉に興味を持ち、将来は自分がお世話になった福祉の仕事ができればいいなあと考えるようになりました。

高校進学のときには、公立進学がほとんどの中、私立の高校へ進学できるように施設の先生方が骨を折ってくださり、私立高校に進学しました。高校は商業科で、福祉分野で働けるような資格を取得するような機会はありませんでしたが、生徒会活動などをして今までとは違った、貴重な体験をすることができました。

高校卒業後の進路については、「福祉の道に進みたい」とB施設長に相談したら、「老人分野ならどうかなあ、今はまだ資格がなくても大丈夫だから」とのお返事をいただきました。しかし、高校による就職のあっせんはなかったため、自分自身で資料を集めたり、あちらこちらの施設へ電話をして求人募集をしている施設を探したりしました。

自転車で走った25キロ

高校3年生の夏休みの終わり、真夏の暑い日に、施設から25キロほどある一宮市の老人ホームまで自転車で履歴書を持って行きました。帰り道、私が名古屋から自転車でやってきたことを他の職員から聞いた施設長さん（今の職名では理事長）が車で後を追いかけてこられ、私を呼び止め、一緒に喫茶店に入りいろいろな話をしました。名古屋から自転車で履歴書を持ってきたことに感動され、「就職試験の日は電車代を出すので、自転車でなくて電車で来て下さいね」とおっしゃってくださいました。そんな努力が報われ、その老人ホームに無事就職することができました。当初2年間は厨房で調理員として働き、つづく2年間は訪問入浴・訪問給食・デイサービスと、在宅分野で勤めました。

その後、自分が育ったB施設から、老人ホームが新設されると声をかけていただき、お世話になった老人ホームから転職。デイサービスセンターの主任として当時の職員の方たちと力を合わせながら仕事をしました。途中で介護保険などの新しい制度が始まり混乱した日々を送ったこともありました。

さらに、法人内異動で自分が育った児童養護施設の職員として働くことになりました。1年目は幼児担当職員として、女の子と男の子のきょうだいを担当しました。児童指導員として初めての担当の子はとても可愛く、これが施設現場の職員なんだなあと初めて実感しました。職員にはなりましたが、常に子どもの目線に立ち「自分がその子だったらどのように思うのだろうか？」などと思い考えながら仕事をしてきました。2年目も幼児担当でしたが、途中から事務所勤務に移行する話もあり、1年目に担当していた子の担当を続けることはできませんでした。その子たちは、親との関係を築いていたため、面談などを経て、2年目の3月に親元に帰ることができました。しばらく一緒に生活していなかったので、最初は大変苦労したと思いますが、子どもたちにとっては親と一緒に生活できたことは良いことだったと、私は信じています。

これからの児童養護施設のあり方

施設に入所している間は、困ったことなどがあれば先生にいろいろと相談などをして助けていただいたりしました。でも、施設を退所してからはそうもいきません。それでも、親元に帰る子は、親と生活をするのですから、よほどのことがない限り不自由をすることはないのでしょうが、親が行方不明で自分自身の力だけで生活しなければいけない私のような場合、いろいろと不自由なことがありました。退所後13年間社会で生活をする中で、親がいないことをどれだけ恨んだことか。「なんで自分なんか生まれてきたんだ。手術なんか成功しなければ、今、苦労したり、悩んだりしなくてもよかったのに」などと思い込んで、一人で泣いたことも何度もありました。施設を退所して集団生活から一人になったときには、ものすごい孤独感におそわれました。

社会に出て一番困ったのは、家を借りるときの保証人など、自分ではどうにもならないことです。そのようなときに施設職員の援助があればと思いました。また、就職したときに職員の方のアドバイスや助言があれば、何かと心強いでしょう。

私自身、当初勤めた老人ホームでの仕事は思っていた以上に辛く、上司に毎日厳しく指導され、「仕事に行きたくないなあ」と思った時期もありました。調理員として勤めましたが「自分は、調理の仕事をやりたくて老人ホームに就職したのではない」と思ったこともありました。しかし、施設の職員の方に話を聞いてもらい「自分は一人ではないんだ」と気持ちを切り替えてからは、職員の方や友人が周りで温かく見守り、自分を支えてくれていることを励みに働きました。厳しい上司の見方も変わり、社会人として、一人の人間として「食」というものの大切さを学びました。

また、給食配達などを通して、たくさんのお年寄りの方から困ったことなどの話を聞いたり、在宅での生活の様子を見たりすることによって、「高齢者福祉」を学びました。そうして、いろいろな経験から、自分が本当にやりたかった「児童福祉」への道が開かれていきました。

これからの児童養護施設に求められるのは、子どもが一人で生活するようになってから最低限やらなくてはいけないことがやれるように、施設の中で自立に向けての生活指導を行うこと、そして、退所後に困ったことがあればいつでも相談ができる「アフターケアの充実」ではないでしょうか。高齢者分野には「介護支援専門員（ケアマネジャー）」という職種があり、高齢者の方が介護保険を利用する上で、お年寄りの状態把握やその方に合った援助方針を一緒に考え、計画・実行へ移す専門的職種として活躍しています。これからは、今で言う「家庭支援専門相談員（ファミリーソーシャルワーカー）」などが高齢者分野と同じように専門的知識を持ち、退所した子どもに関わるアフターケアなどができるようになっていくでしょう。

私は、2012年4月より名古屋市児童養護施設等就労支援事業の相談支援員として仕事をしています。いつも子どもたちの目線で話をし、物事を考え、生活支援や就労支援ができればと思っています。施設で育った人が保育士等の資格を取得して、一人でも多くの人が児童養護施設分野の職員として携わり、自分の施設経験を通じてアドバイスできるようになることを願っています。今の児童養護施設が、本当の意味で子どもにとって安心して暮らせ、安心して自分の思いが出せ、「こんな私でも生きていてよかった。生まれてきてもよかったんだ」と自分を大切に思えるような施設になることを願います。

施設で生活している子どもの自立支援、施設退所後の生活支援、就労支援にあたっては、私自身、社会的養護で育った当事者の一人として、また施設職員であった経験を活かして、気軽に相談できる居場所づくりを目指したいと思います。その仕事を通して自分自身も成長し、活躍できることが私の願いです。一生懸命に子どもたちに接していたら、子どもも職員にいろいろなことを話してくれる、心を許してくれる、そう信じています。

清水真一（しみず・しんいち）◉1976年、名古屋市守山区で生まれる。出産時大変な状態で、生死の境で一命を取り留めるが、両親の離婚や父親の行方不明などがあり、施設での生活が始まる。高校卒業後は、特別養護老人ホームの調理・在宅部門で勤務後、自分が育った施設の法人にある老人デイサービスに勤務。法人内異動で児童養護施設の児童指導員・事務員として勤務の後、社会福祉法人二葉保育園法人本部事務職を経て、現在は、社会福祉法人昭徳会就労支援事業サポートいずみの相談支援員として勤務。

プライマリー——確かな居場所ができた今、思うこと

関戸敏夫

カウンターにグラスを置き、トングで氷を一つずつ入れる。ステアしグラスを冷やす。水を切り、八分の一カットしたライムをグラスの縁に塗りグラスに入れる。ジン、トニックの順で注ぎ込みステアした後、味をみて出す。

「ジントニックになります」静かにお客さんの前に置く。

ジントニックが喉の奥を通り抜けた後、お客さんと私は会話を始めた。

プライマリー

名古屋市港区にあるBAR PRIMARYは、私が営むお店です。今年で10年目になり、素敵な方々に支えられながら、お店共々日々精進しています。

「どうして、プライマリーという名前なの」

ジントニックを口にしたお客さんが言った。

「プライマリーは日本語に訳すと、初歩的な~とか、最初の~など、初期段階の意を表すのです」私はプライマリーのオープン当初の話を始めました。お店は新築ビルの一階で、半年間入っていた喫茶店のあとにバーとして看板を出したのでした。お店は居抜きだったため内装はカラフルなパステル調のままで、私の理想とするバーのイメージとは程遠いものでした。かといって改装する費用はなく、私はそこから始めるしかなかったのです。

「そうそう、改装する前はバーの雰囲気なんてなかったよね。ファミレスかと思ったよ」隣に座るお客さんが会話に加わった。キープボトルをロックグラスに注ぎ、被っていた黒い野球帽をカウンターの上に置く。帽子には『P』のマーク、プライマリーの野球チームの帽子だった。

プライマリー野球チーム

プライマリーの野球チームは、愛知県飛島村体育連盟が運営する草野球リーグに所属しています。休日に集まり皆で野球を楽しむ。笑い合い、時に熱く語らい、ふざけ合い、時に深く話し合う。人が集まり同じ気持ちで向き合うことはとても大きな力を生むと、私は野球チームで改めて実感しました。

リーグ戦とは別に児童自立支援施設・玉野川学園の子どもたちと野球の練習試合を行う機会がありました。家庭環境等の影響を受け非行傾向を示す子どもが主に入所している施設のため、閉鎖的で基本的に施設外に出ることを許されていません。子どもたちは毎日野球の練習をしていますが、練習試合など相手が乏しいのが現状です。そこで野球を通じてコミュニケーションを図り子どもたちにとってよい刺激になればと思い練習試合を行いましたが、子どもたちだけではなく私たちプライマリーの野球チームにとっても、たくさんのものをもらいました。子どもたちの元気なかけ声や精一杯のやる気、最後まで諦めない姿勢。とても大きなパワー（エネルギー）をもらいました。試合に勝つとか負けるではなく、コミュニケーションによって人との心の結びつきが強くなる。今いるその場所、その時を大切にすれば、きっと明日はいい日なのだと私は思います。

プライマリーにはいろんな方が来ます。皆さん、素敵な話を置いていってくれるのです。私はお客さんと会話し、たくさんのお話を聞かせてもらい、その貴重な時間が持てることを感謝しています。

「また来ます」

ジントニックを飲み干し、お客さんは席を立った。

「ありがとうございました。またよろしくお願いします」

私は扉を開けお客さんを送り出した。

ペペロンチーノ

「いらっしゃいませ、こんばんは」

プライマリーの扉が開いた。「久しぶり」

顔を出したのは、古くからの友人たちだった。同じ養護施設出身の彼らとは長い付き合いになる。

私は物心つく前から施設に預けられました。母は私を身ごもったとき未婚で、周りが反対する中、私を産んだのでした。男は行方がわからず、どこの誰かもわからない。すなわち男は母からも私からも逃げたのです。それでも母は一人で私を産んでくれました。

当時、男女雇用機会均等法もなく女性が働くには大変な時代でした。でも母の身内は、どこの誰の子かもわからない子を産んだ母に支援することはありませんでした。周りの冷たい視線、女手一つで子どもを育てる厳しさから、次第に母の精神は病んでいきました。そして母が精神病院に入院することになり、私は施設に預けられたのです。今も母は入院しています。面会できる状態ではなく、病院に行ってもケースワーカーから母の状況を聞くだけしかできません。

施設に入寮していた当時は、男を見つけ出し殴ってやりたい、いや殺してやりたいほどの憎悪しかありませんでした。すべて男のせいなのだ、許さない……。でも社会に出て私の心情も次第に変化していきました。憎悪からは何も生まれません。見つけたい、会ってみたい、しかしその思いを抱くことで母の心に負担を与えかねない。私は心の片隅にそっと置いておくことにしたのです。

私は、母、敏子の一文字をもらった自分の名前が宝です。そこには母の愛の深さが詰まっているからです。母は僕のことを愛してくれている。誰も入れたくて養護施設に子どもを入れる親なんていないのです。母を憎んだころもありました。しかし敏夫という名前を付けてくれた母の想いに気づいたとき、私の中の怒りは治まっていきました。私は母の子どもなのです。僕を産んでくれたことを感謝しています。

「Sと会うのは久しぶりだな」

私は、ペペロンチーノを頼んだ友人Sに言った。

「そうだな」Sは頷いた。

「乾杯しよう」ビールを片手に友人Kが言った。

KとSとは、愛知県尾張旭市にあった児童養護施設・名古屋市若松寮で出会いました。若松寮は最大二四〇人収容できる全国でも指折りのマンモス施設でした。私の入寮していた頃は二〇〇人ほどの人数で、男子寮と女子寮に建物が分かれ、3階建ての寮にはワンフロア四〇人ほどで生活していました。12畳一間の部屋が六つあり、一部屋七人ほどの子どもが小学1年生から中学3年生までバランスよく分けられて生活していました。娯楽施設はワンフロアに一部屋。テレビは1台しかなく、なかなか見たい番組が見られなかった思い出があります。食堂は全児童が一緒に食べる専用の建物がありました。マンモス施設だけに、敷地内に小中学校が併設してあり、若松寮の児童しか通わない学校でした。

施設内の小さな世界であったため閉鎖的で、上級生が下級生を殴り、殴られた下級生が進級するとさらなる下級生を殴る、このくり返しで喧嘩といじめが絶え間なくありました。腕力がすべてを支配する、子どもの頃の私はそう実感しました。喧嘩が強くなりたい……。当時、若松の子どもたちの大半が低学年から筋肉トレーニングをしていました。施設内では強い人間に決定権があったのです。テレビのチャンネル争いから、自分のおやつまでも取り上げられるのです。子どもにとって、おやつを取り上げられるという行為がどれほど辛かったか。そんなことが日常茶飯事で起きていたのです。


「ペペロンチーノになります」

私は友人Sの前に、当店人気のパスタを置いた。

早速フォークを持ち、ペペロンチーノを頬張る。一口、また一口と友人Sはパスタを口に運んだ。

「美味いよな。プライマリーのペペロンチーノ」何度もお店に来てくれている友人Kは微笑んだ。

私は窺うようにSの顔を見る。Sの顔に笑みはなかった。Sはフォークを置き、何も言葉を発しない。口に合わなかったか、そう思ったとき、Sの目から涙が零《こぼ》れ落ちた。

「美味いよ、ほんとうに美味い。おまえならやってくれると思ったよ」

友人Sは、涙を拭くことなくペペロンチーノを食べた。


幼少時代、腕力がすべてだと思い喧嘩ばかりしていた自分を知っている友人の涙はたくさんのことを語っていました。経験した者にしかわからない若松での生活。施設を出てからの私をSは知らないのです。ペペロンチーノを口にしたSは彼の知らない私の数年間を、味を通して感じてくれたのではないかと思います。私にとっても友人たちにとっても施設を出てからの生活がどれだけ過酷なものか、言葉を発しなくてもわかる。それぞれ環境は違うが、施設出身者ならではの苦悩や壁を乗り越えて生きていかなければならないのです。私は、Sの流した涙がいつまでも乾かないように、お店を守っていきたいと思っています。

現在、若松寮は名古屋市名東区に移転し、より家庭的環境に近づけるために、子ども一〇人と職員四人を1ホームとする新しい児童養護施設を実現しています。私の通った名古屋市立緑ヶ丘小・中学校は移転とほぼ同じくして廃校になったようです。

関戸君、これで君も筋金入りの男になったね

私が26歳の頃です。とてつもない転機が訪れました。

若松寮出身の私はそれまでは言わば横行闊歩でした。負けてたまるかというハングリー精神で走り続けてきたのです。休みなく仕事をしていた私は、その日、睡眠をとらないまま車を運転していました。果てしなく続く堤防沿いの道路を運転していると急に睡魔に襲われ目を瞑ってしまったのです。車ごと堤防からダイブし車外に放り出された私は極度の痛みに気を失いました。

気がつくと病院のベッドの上にいました。事故を起こしたのです。背中はボンボンに腫れ上がっていました。第四腰椎粉砕骨折。手術が必要で、車椅子生活の確立が7割。もちろん手術するしか方法はなく神に祈りました。手術は無事成功しました。腰椎を支えるように10センチ程度のチタンプレートを2枚、ボルトで固定しています。私が病室のベッドで寝ていると主治医の先生が来ました。「手術は成功したよ。腫れが引いたらリハビリがてらウォーカーで歩いてみよう。関戸君、これで君も筋金入りの男になったね」先生は冗談交じりに私を励ましてくれました。私は先生が出て行った後、カーテンを閉め一人涙を流しました。歩ける……胸が一杯になりました。

事故の経験で私は多くを学びました。例えば、健常者は気にならないちょっとした段差、それが障害者にとってはとても厄介だということ。ウォーカーで段差に差し掛かるとキャスターから伝わる振動で腰が悲鳴をあげました。エレベーターを降りる際、車椅子の方や松葉杖、点滴を持った患者さんが待っていると、私は無言で開延長ボタンを押せるようになりました。エレベーターに乗り降りするにも時間がかかることを知ったからです。私は事故の経験から弱者の立場がわかるようになり、相手の立場に立って物事を考えられるようになりました。この経験は神からの贈り物だと思っています。

この頃から私はボランティアに興味を持つようになりました。現在のお店も事故の翌年オープンしたのですが、バーテンダーはサービス業。悩みを抱えてくるお客様もいるのです。人を思いやり相手の立場に立って物事を考える。事故で学んだ経験があるからこそ、今の私があり、お店も9年間続けてこられたのかもしれないと深く思います。

みらい

現在、私は、社会的養護の当事者推進団体「なごやかサポートみらい」の会長をしています。主な活動は、当事者による社会的養護のもとで生活している子どもたちの自立支援活動や、施設退所後の就労支援・生活支援、相談事業、将来社会的養護を担う学生への支援活動、社会的養護を担う施設職員との交流活動などです。発足して3年半が経ち未だ任意団体ではありますが、たくさんの方々に支えられ、またアドバイスをいただき、志ある方々と共に子どもたちが少しでも明るい未来を過ごせるように活動を続けています。

それでも、私たちの団体だけでは力も乏しく、重要な活動の一つである就労支援・生活支援は、名古屋市内で50年にわたり職親事業を行っている団体「名古屋市よつ葉の会」の皆様のお力をお借りして行っています。

なごやかサポートみらいは、さらなる進歩が必要で、これからも変わりなくサポート事業を永く続けていくには社会的信用が不可欠です。そのため、法人格の取得を考えています。社会的養護のもとで生活を経験してきた子どもたちが、私たちの活動に関心を持ち、私たちのような当事者団体に参加または、新たに設立する人が出てくることを私は切に望んでいます。

２０１０年、社会的養護の当事者グループ全国ネットワーク「こどもっと」が朝日新聞厚生文化事業団様の支援のもと結成されました。もちろん、なごやかサポートみらいも参加しています。まだ参加団体はわずかですが、私たちと同じようなサポートをしている団体の方々との意見交換や情報の共有はとても有意義なことであり、素敵なネットワークだと感じております。今後、北は北海道、南は沖縄に至るまで波及し、全国のあちこちで当事者団体が産声をあげると思います。皆で力を合わせ、共によりよいサポートを行っていけたらと強く思っています。

名東区に移転した名古屋市若松寮は現在、民営化に向かっています。私が施設訪問で見てきた数々の民間施設は、やはり民間だけあってフットワークもよく、子どもたちも私が育った施設と比べ、伸び伸び育っていると感じました。しかし、民営化されることによって職員が入れ替わってしまう現状はどうでしょう。施設職員は、子どもたちにとって親代わりの存在です。親がいきなり代わってしまう状況に子どもたちの精神的負担は計り知れません。ガラスの心を持った少年少女に与える影響を重く取り上げてほしいと思います。民営化が決して悪いとは言いませんが、医療・介護・福祉こそ、民間へ放り投げるのではなく、国や地方自治体が模範となり推進していくような形が理想的ではないかと思います。第一に考えるのはやはり子どもたちがいかに伸び伸び暮らせるか、笑顔の絶えない生活を送れるよう子どもたちの視線に立って考え、見て聞いて感じてよりよい方向に進んでいってほしいと思います。

先日、若松寮に施設訪問しました。子どもたちが笑顔でいきいき生活していました。民間がいいとか公共の施設がいいとかという問題ではないのです。若松の子どもたちの笑顔をこれからも残すために、親代わりである施設職員が皆、替わってしまう現状を避けたいのです。名古屋市若松寮が公共の施設として存続することを私は願います。

関戸敏夫（せきど・としお）◉1975年名古屋市緑区で生まれる。出産後すぐ乳児院に預けられ、3歳くらいのときに措置変更で、みその天使園（児童養護施設）に入る。小学校入学と同時に、名古屋市若松寮に入る。その後、若松寮から愛知県立愛知工業高等学校（電気情報技術科）に入学し、12年間、若松寮でお世話になる。卒業後、カネシキ商事株式会社（トーエネックの協力業者）に入社。電気工事士として働く。5年間勤め、23歳のとき退社。その後バーテンダーの修行に入り、27歳のとき、BAR PRIMARYをオープンする。

たいせつなもの

作詞・作曲　Miho

心地良い日ざし洗濯物おどり
塀の上の猫　目を細める
明日もまたゆっくりすすめ
時には何かにつまずいて

大きな空のようになりたくて
いつも背伸びして　手を伸ばしていた
あの日あの時を忘れたことはない
ずっと大事にしてきた

あこがれていた　優しい人に
いつか大きくて強い人に
あこがれていた　いつかの人に
あなたのような人になりたかった

小さな雲が濃くなり始めた
あなたに雨を降らせた
そんな時は我慢しないで
時には泣いて生きてゆこう

辛いときには風にあたろう
小さな空は待っているから
何もないわたしたちだけれど
あなたを笑顔にしたい

何もないなど　もう言えない
大切なものが　たくさんある
何もないなど　決して言えない
確かなものが　ここにある

＊この歌は74ページに登場する坂井田美穂さんの作品です

あとがきにかえて

心の内を見つめて――生きてきた足あとを語ることの意味

家庭での壮絶な生活体験、施設や里親さんのもとでの新たな生活、そして現在の生きる姿をありのままに、心情を言葉にうつして書き留めていただきました。

ときを経て、子ども時代に起きていたことをあらためて回想し、当時感じていた大人への疑問、不信、怒り、堪えがたい苦悩、絶望感、あらゆる心の内なる暗闇の部分に向き合うことは大変な労力が必要だったと思います。「何が起きていたのか？」「自分は何を感じ、考えていたのか？」……その様子がとても鮮明に描かれています。

それぞれの人生のなかには、社会情勢、オイルショックやバブル崩壊といった時代背景から家族が経済的に破たんした経緯が描かれるなど、日本社会の動きが背景にうっすらと見えるものもありました。また、心身の病やアルコール依存、借金、家族の離散や生活困窮、暴力、何らかの精神的依存、社会からの孤立、そして虐待へつながり、家族が子どもにとって安心できる場所ではなくなっていくプロセスが見えてきました。その最終段階に、社会のさまざまな重圧や家族の抱える困難を多く請け負うことになるのは、子どもたちであったということが感じられました。

そのような子ども時代を過ごされ、傷つき体験、命を脅かされるような生活、自暴自棄、葛藤を経て、気持ちを整理することができるまでに、大きな壁にぶつかりながら長い道のりがあったものと思われます。

しかし、どのような過酷な生活経験をしていても、堪えがたい傷つきを心に抱えていても、自らの力、自己回復力をふるい起こさせてくれる体験や人との確かな出会いを心に刻んでいることが、多くの方の語りに見受けられたように思います。そして主体的に生きる力を備え、自らの経験を〝糧(力)〟にして何か発信していこうとするエネルギーが感じられます。それは、いったい何でしょうか。

しなやかに、強く生きる力をつくりだすもの

私が児童養護施設の職員として子どもたちと生活をともにしたのは、虐待を受けた子どもたちの入所が増加し続けていたときでした。私が出会った子どもたちの何人かは、何度も職員に怒り、恨み、妬みなどを投げかけ、不信感を抱き、不安や警戒、恐怖の感情を抑えきれないという心の

状況をあらゆる方法で表現していました。当時の私は子どもたちが訴えてくる言葉や行動の一つひとつに戸惑い、苦悩の連続であったことを今でも鮮明に覚えています。ときには関係がこじれてしまい、悔やまれることもありました。そうした表現は、私にとって理解が困難で、関わりに悩み、苦しみました。けれども私以上に、子どもたち自身は、社会のなかでどうやって生きていったらいいのか必死に苦しんでいたのだと思います。

しかし、子どもたちは、人生を自分の責任で歩んでいく年齢になると、少しずつ辛さを乗り越えて耐える力を持てるようになったり、人を信頼してつながっていこうとしたり、自分なりに生き方を見つけだしていく子もいます。子どもたちに大人は何ができたのか、目に見える答えはありません。しかしそこには、何か子どもたちの心に影響したものはあると信じています。

リジリエンシー（resiliency）という言葉があります。心の回復力や弾力性という特性や能力の意味で使われ、その結果もたらされる回復の状態や現象、それに至る過程（プロセス）をリジリエンス（resilience）と言います。

施設の職員や里親さんなど、子どもたちのこうしたリジリエンスを信じて日々関わっていくことが大切ではないかと思います。辛い時期があっても、未来は必ず今よりよくなること、そして一人ひとりが大切な存在で、人生にはどんなことでも意味があり、自分を大切にすることを伝えていくこと。自分の好きなところも嫌いなところも受けとめて自分を愛せるようになること。自分を見守ってくれる人は必ずいると信じること。困ったときには誰かに相談して助けを求め、つながっていこうとすること。そんな力が備わるように願いながら関わるなかで、いつか子どもたちに想いが伝わっていくと信じたいものです。

そして、このようなしなやかに生きる力を形づくっていくものは、自分のことを親身になって心配や助言をしてくれる人、感情的にも支えてくれる人の存在が重要だと思います。

本書の「語り」のなかには、このような存在の大人が登場するシーンがいくつもありました。自分が困難にさしかかっているときに、手ごたえのある関わりを持ってもらい、自分との関係をしっかり結んでもらえていました。そうして人とつながることで喜びや心地よさの感覚を育てることができ、心の回復力を備えられたのではないでしょうか。

また、家族との関係においては、混沌とした心の葛藤の整理にもがき、自分と家族とのもっとも適切な関係性を見つけだそうとされている方もいました。自分が生きていく上で欠かすことができない、自らの生命のルーツである実親との関係や自分の人生の整理の仕方は簡単ではありません。けれども、そのことを自らの言葉でより深く意味づけされるようになったとき、今回語られたライフヒストリーが、また異なった角度から描かれるようになるのかもしれません。

社会に向けた願い

「施設はもっと………であってほしい」
「施設が………になるといい」
「職員さんは………であってほしい」

本書で語っていただいた方の多くは5～25年ぐらい前、1980年代以降に施設を退所された方になります。語りで描かれている児童養護施設は1960年代～1990年代頃の施設の様子が主になります。当時は、教育現場でも家庭内でもしつけのための体罰が行われていた時代から次第に体罰の禁止へと移行していくときでした。そして1994年には子どもの権利に関する条約を日本が批准し、2000年には児童虐待の防止に関する法律が制定され、虐待の定義が明確化されていきます。また、1990年代以降から現在にかけて、児童相談所の虐待相談件数が右肩上がりに上昇し続ける時代に入っています。

こうしたなか、児童養護施設では虐待経験を背景に入所する子どもたちの対応の難しさから、ケアのあり方がさまざまに論じられ、実践されてきました。職員も従来のケアのあり方だけでは難しく、子どもの心の理解がますます困難となって葛藤するなか、心理専門職との連携や多様な援助プログラムを試みるなど試行錯誤されてきたように思います。そして小規模グループケアのほうが子どもたちの声を聴きやすく、関係性が持ちやすいこと、さらには自立生活への支援にも不可欠として、「ケア単位の小規模化」といった改善が図られ、国の補助金も多様な形でつけられるようになりました。しかしながら残念ではありますが、施設内の暴力やいじめ行為などが、さまざまな形で残っているのも事実です。

そうしたなか、皆さんの語りには、いつの時代でも〝一貫して大切なこと〟もあるように感じられます。それは、施設の職員、里親など、どのような専門職の方にとっても、さらに地域住民においても、子どもたちへの〝あたたかいまなざし〟や〝心にしっかりと向き合うこと〟が大切ではないかと思います。また、子どもをともに育て、ともに育ち合っていこうという姿勢も必要ではないでしょうか。子どもを育てることは人としての育ち（人間としての成長）にもつながっていると思われます。そして、子どもたちの心の声を聴き、それをしっかり受けとめ、気持ちに寄り添い関わっていくことも、時代や立場をこえて大切なものであると考えます。

また、社会的養護のもとで育った経験のある人たちに対するあらゆる偏見をなくし、あたたかなまなざしをもっていただき、地域社会全体で支え、受けとめていくことが望まれます。そして誰にとっても〝自分らしく生きられる社会〟になることを願います。

子どもの心に寄り添うこと

心は生き物だから、
傷つけられると痛み、優しく包まれるとなごむのです。
しっかり支えられると安定し、突き放されると不安に駆られます。
抑えつけられれば、その圧力の下で跳ね返そうとしたり、
逃げようとしたりするでしょう。
抑えつけてくるものが自分を守るためのものと感じれば耐えようとし、
自分を脅かすものと感じれば、恐れや憎しみを抱きながら抵抗するでしょう。

——渡辺久子『抱きしめてあげて』（太陽出版、2006年）より——

この一節は人の心の特徴をとてもわかりやすく表現されているように思います。特に子どもの心は生き物で、外からの関わりの一つひとつに敏感に、そして正確に反応しているのだということです。しかし大人になるにつれて、誰もが経験したはずの子ども時代の敏感な感性を忘れてしまいがちなのではないでしょうか。大人側の都合を優先し、子どもたちの心を見過ごしてしまう……そんなことが知らないうちに起きてはいないでしょうか。

本書で、子ども時代の心の動きを振り返って語っていただけたことは、何を意味するのでしょうか。これは、今、社会的養護のもとで生活をしている子どもたちの心の動きに気づき、心の声に耳をかたむけ、寄り添っていく関わりが大切であるというメッセージを伝えてもらっているように感じます。

どうか、語りの言葉が人々の心に響き、より多くの子どもたちの深い心の理解につながっていきますように。そうしたことが子どもたちの自分らしい未来を切り開くための原動力となっていくことを切に願います。

最後に本書を出版するにあたり、人生を想起してご執筆いただいた皆様、ご協力いただいたすべての皆様に、心から感謝申しあげます。そして、本書刊行のご提案とともに、担当していただいた明石書店の深澤孝之さんに深くお礼申しあげます。

2012年5月

『施設で育った子どもたちの語り』編集委員会　吉村美由紀

明確な定義はない。一般に独特の感じ方や表現をとることから人間関係がうまくいかないことが多く、社会生活をしていくうえでまわりの理解や援助が必要である。親にとって「育てにくさ」を感じさせることもあり、理解や支援がない場合には児童虐待を誘発することもあるが、逆に、児童虐待の結果、過剰な自己防衛が無意識に働き、おとなや友だちとの信頼関係を築きにくくなることで発達障害と似た状態を見せることもある。

◆全国児童養護問題研究会（養問研）

児童養護施設、乳児院などの児童福祉施設で働く職員を中心とする自主的・民主的な研究団体。1972年、沼津市にある養護施設の積惟勝園長（当時）の呼びかけで発足し、子どもの権利に根ざした児童養護の理論と実践の発展をめざして、全国大会や東日本、中部日本、西日本でのブロック研修会、各地での例会活動などを展開している。機関誌として「そだちあう仲間」を年1回発行し、研究の成果を「日本の養護」（1976～85年）、「日本の児童問題」（1986～96年）、「日本の児童福祉」（1997～2007年、1998年からは全国児童相談研究会と共同編集）、「子どもと福祉」（2008年～）の編集・発行を通じて発表している。

◆集団主義養護論

養問研の創設者である積惟勝（1906～83年）が、ロシア革命期の教育者マカレンコ（1888～1939年）の集団主義教育論を基盤に打ちたてた児童養護論。「家庭に勝るとも劣るものではない」ということを施設生活の目標に掲げ、子どもの自治と育ちあいを重視するとともに、子ども集団と専門的援助者である職員集団との民主的ダイナミズムによる生活づくりを展開した。養問研も当初は集団主義養護論の構築をめざしていたが、個別的援助の重要性との関係で広く理解を得ることが難しい現実もあり、これを基本命題とするのではなく、その内容である専門性に基づく子どもの生活・発達保障、民主的な集団づくりと施設運営などを研究課題の柱として追究するようになっている。

◆里親養育

様々な事情により保護者が育てられない状況にある18歳未満の子どもを、児童相談所の委託を受け、家庭に預かり育てる制度。養育費や手当てが国や地方自治体から支給される。里親の種類としては、養育里親、専門里親、養子縁組を希望する里親、親族里親がある。

◆養子縁組

戸籍上に実親との関係が残る普通養子縁組と、6歳未満の子に対して、戸籍上も親子関係となる特別養子縁組がある。家庭裁判所の許可を得て成立する。

◆民生委員

民生委員法（1948年）に基づき、厚生労働大臣に委嘱されて地域住民の福祉のために活動するボランティア。生活相談や支援などを通じて住民と福祉行政とのパイプ役を果たしている。児童委員を兼ね、子育て支援など子ども・家庭福祉においても重要な役割が期待されている。なお1994年から、児童委員のうち特に地域における子ども・子育ての問題に関する相談援助活動を行う委員として主任児童委員が指名されるようになった。

◆自立援助ホーム

児童養護施設等を退所した後、自立に困難を抱える児童・若者に対して、一般の家屋、アパート等において生活の場を保障し、就労支援等を通じて自立を援助する事業。1953年に神奈川県立霞台青年寮（1979年閉鎖）、1958年に財団法人青少年福祉センター・新宿寮など、1950年代から開設されはじめ、東京都の「アフターケア事業」（1974年）や国の「自立援助相談事業」（1988年）による補助開始で、主に関東、東北、鳥取などで開設が進んだ。1997年の児童福祉法改正で、ようやく児童自立生活援助事業として法に基づく制度となった。全国で82ヶ所あり、約310人が生活している（2011年3月現在）。

◆発達障害

脳機能の微細な障害に由来する自閉症やアスペルガー症候群などの広汎性発達障害、学習障害、注意欠陥多動性障害などをさすが、小規模グループケアも小舎制に含まれる。施設の敷地内に独立した家屋がある場合と、大きな建物の中で、生活単位を小さく区切る場合があり、それぞれに必要な設備が設けられている。小集団での生活となるため、より家庭的な雰囲気に近づけることが可能。しかし、職員配置が難しく、一人勤務が多くなること等から、緊急時の対応や人材育成に課題を抱えている。

◆乳児院

様々な事情により、保護者と生活できない状況にある乳児が入所し、生活する児童福祉法に基づく施設。障害があったり、兄弟を一緒にするなどの理由で、小学校就学前まで入所することもある。全国に約130ヶ所あり、約3000人の子どもが生活している（2011年3月現在）。

◆児童自立支援施設

児童自立支援施設は、感化院、少年教護院を経て、1947年の児童福祉法成立に伴い、教護院として位置づけられた。その後、1997年の児童福祉法改正により、児童自立支援施設となり、児童福祉法第44条に「不良行為をなし、又はなすおそれのある児童及び家庭環境その他の環境上の理由により生活指導等を要する児童を入所させ、又は保護者の下から通わせて、個々の児童の状況に応じて必要な指導を行い、その自立を支援し、あわせて退所した者についての相談その他の援助を行うことを目的とする」と規定されている。都道府県に設置義務があり、2011年10月現在、全国に58ヶ所（国立2、公立54、私立2）ある。

◆公立施設の民営化

公立施設の民営化は、とくに2004年度に公立保育所の運営費が一般財源化されて以降、次々に行われている。しかし、民営化は本来、国・自治体行政が担うべき社会福祉施設の公的責任を放棄することにつながるだけではなく、職員の労働条件を押し下げ、ケアの質の低下を招き、結果として利用者にしわ寄せされることになるため、問題が大きい。

の在所期間内に、児童の心身や行動の状況、家庭等の社会的背景等について診断調査を行う。

◇児童福祉司

児童相談所に配置される職員で、担当区域の子どもの保護や相談・調査・指導などを行っている。児童福祉司の配置基準は、人口5～8万人に1人で、近年の虐待相談件数の増加に対応しきれていない。また、一部の自治体を除き、一般行政職からの人事異動も多いため、専門性の蓄積が困難な状況にある。

◇児童養護施設

保護者のない子ども、あるいは虐待されている子ども、その他環境上養護を要する子どもが入所し、生活する施設のこと。おおむね1歳以上から18歳までの子どもが暮らしており、保育士や児童指導員などの職員が子どもの身のまわりの世話・自立に向けた支援を行っている。全国で585ヶ所あり、約3万人の子どもたちが生活している（2011年3月現在）。また、虐待を受けた子どもが53.4％入所している（2008年2月現在）。

◇グループホーム（地域小規模児童養護施設）

原則として6名の児童が生活し、本体施設とは別の場所に、既存の住宅等を活用して行う。外見だけでは児童養護施設と分からず、家庭的な雰囲気に近い生活や地域社会との密接な関わりを体験することが可能。しかし、宿直勤務の多さやほとんど一人勤務となることから、緊急時の対応や人材育成、職員の孤立などの課題を抱えている。

◇大舎制

最も多い施設形態で、児童養護施設の7割を占めている。1舎につき20人以上の児童が生活し、食堂、浴室、トイレ等の設備を共同で使う。大きな集団での生活となるため、日課やプログラムによる管理的な関わりが必要となることが多い。また、児童の個別の要望に応えることや、プライバシーの確保が難しいなどの課題を抱えている。

◇小舎制

1舎につき12人までの児童が生活している。6～8人で生活する

資料◉用語解説

◇社会的養護

保護者のない子ども、虐待を受けた子どもなど、家庭環境上養護を必要とする子どもに対し、公的な責任として社会的に養護を行うこと。児童養護施設、乳児院、情緒障害児短期治療施設、児童自立支援施設、母子生活支援施設、自立援助ホームによるものは、「施設養護」とよばれ、約9割を占める。里親、ファミリーホームは、「家庭養護」とよばれ、約1割程度である。里親やファミリーホームの推進や施設におけるケア単位の小規模化が図られている。社会的養護のもとで生活する子どもは原則18歳（高校卒業）までの措置であるが、就職が決まらない、就労するも生活が心配される、大学進学等をする場合など、必要な時には満18歳を超えて満20歳に達するまでの間、引き続き措置を行うことができる。

◇家庭養護／家庭的養護

社会的養護のうち里親やファミリーホーム（小規模住居型児童養育事業）など一般家庭において行われる養護のいとなみを家庭養護という。これに対して、施設やグループホーム（地域小規模児童養護施設）などで行われる養護を施設養護という。施設養護においてもホーム制などによる生活単位の小規模化と家庭的な養育環境（家庭的養護）が追求されている。また両者をあわせて広い意味で家庭的養護が追究されているといえる。

◇児童相談所

都道府県、政令指定都市に必置（中核市でも可能）の児童福祉に関する中枢的機関。養護（虐待）、非行、障害、不登校など子どもと家庭に関わる様々な問題について、相談、指導、判定、施設入所措置などの業務を行う。

◇一時保護所

児童相談所に設置され、虐待親などの問題状況から児童を分離して保護し、原則として最長2ヶ月

社会的養護の当事者グループ全国ネットワーク「こどもっと」

【設　立】2010年4月
【代表者】清水真一
【連絡先】〒104-8011　東京都中央区築地5-3-2
社会福祉法人 朝日新聞厚生文化事業団
TEL　03-5540-7446　FAX　03-5565-1643
http://www.kodomot.jp/　E-mail　info@kodomot.jp

【活動の趣旨】

近年、各地で社会的養護の当事者活動が広まってきています。児童養護施設や里親家庭で暮らしたことのある人たちが中心になって活動する当事者活動グループと、朝日新聞厚生文化事業団が、社会的養護グループ全国ネットワーク「こどもっと」を結成しました。月に1度定例会を開き、情報交換をしながら具体的な活動について話し合っています。

現在、「こどもっと」に加盟している団体は、「だいじ家」（栃木)、「ふたばふらっとホーム」（東京)、「こもれび」（千葉)、「なごやかサポートみらい」（名古屋)、「レインボーズ」（鳥取）（2012年1月現在）の5団体です。

【活動の内容】

全国の社会的養護の当事者グループの連携を通して、当事者が元気になり、
◇それぞれのグループの活動をさらに活性化させること
◇他のグループの活動への理解を深め、助け合うこと
◇当事者にとって望ましい援助・制度を考え、多くの人に知ってもらうこと
を目指しています。

当事者の声を聞き、社会に届けることで社会的養護をより良くしていき、地域を超えて各団体の連携を深め、他の当事者団体を応援し、当事者団体が増えることにつなげていきます。社会的養護を受けた人の孤独を防ぎ生活を支え、それぞれの当事者団体が特有なことを尊重し、社会的養護の制度や政策について学び合い、高め合うことを目指しています。

2010年秋からは、各地の当事者団体がそれぞれの地域の施設や里親家庭などで生活している高校生に参加を呼びかけ「ピアキャンプ」を開催しています。高校生と将来のことを一緒に考え、当事者活動を知ってもらうことで、今後の活動につなげていきたいと考えています。

（文責：清水真一）

奈良県社会的養護の当事者団体「明日天気になぁれ」

【設　立】2010年9月6日
【代表者】M
【連絡先】〒632-0018　奈良県天理市別所町473
特定非営利活動法人「おかえり」内
TEL　090-6755-2356
http://npo-okaeri.net　E-mail　info@npo-okaeri.net

【活動の趣旨】

奈良県内の里親家庭や児童養護施設で暮らす中高生および巣立った人々が親睦会などを通して支え合い、ともに自立を目指して行こうという団体です。母体は「NPO法人おかえり」(*) です。

【活動の内容】

◇月1回親睦会を開催して、里親家庭や児童養護施設で暮らす中高生や巣立った方々のつながりづくりをしています。
◇今後は、親睦会を通して、当事者でしかわからない悩みや気持ちをわかち合い、意見交換をしながら共に自立を目指していこうと思います。これからもっといろんな人たちと交流し、「明日天気になぁれ」があってよかったと言ってもらえるように、みんなが楽しく、仲良く、笑顔あふれる団体にしていきたいです。

（文責：M）

＊「NPO法人おかえり」とは（理事長：枡田ふみ）

「おかえり」は、社会的養護を必要とする子どもたちや支援する人々がつながりあうこと、子どもたちが里親家庭や児童養護施設を巣立った後も自立し、安心して暮らせるよう援助・支援し、ともに社会的養護に関心をもって行動する人を増やすことに寄与することを目的としています。主に、自立支援（マンションの仲介やテーブルマナー講座の開催）、「おかえりサロン」の実施、社会的養護への関心を高めてもらうための企画や情報発信（講演会の開催、絵本の製作）を行っています。

「CVV」 Children's（子どもたちの）Views（視点から）& Voices（発言する）

【設　立】2001年6月
【代表者】徳廣潤一
【連絡先】〒530-0047　大阪府大阪市北区西天満4-1-4
第三大阪弁護士ビル503号　葛城・森本法律事務所
TEL　06-6130-2930　FAX　06-6365-1213
http://ameblo.jp/cvv/　E-mail　yes_cvv@yahoo.co.jp

【活動の趣旨】

CVVはカナダの「パーク」（PARC: Pape Adolescent Resource Centre＝ペイプ青少年資源センター）をもとにして、日本でも当事者を含めた居場所事業をすることを目的に設立した団体です。

◇施設経験者や支援者が対等に活動

施設経験者が気軽に集まれる場、施設経験者も社会的養護に携わる人も対等に、役割分担をしながら、相互にエンパワメントすることを目指します。

◇施設で暮らす子どもたちのさまざまな体験と将来の選択をサポート

子どもたちの声を聴き、遊びや宿泊、何気ない日常の暮らしやつながりの体験の機会や進路を一緒に考えます。施設と一緒に子どもたちを支えます。

◇施設経験者が気軽に集まれる場をつくる

施設経験者が集い、離れていても戻ってこられる「つながり」をつくります。

◇社会的養護に関する理解を深め、制度改善についての提案・情報発信

◇おもしろく、楽しい場であることを大切に

無理をせず、自分のありかたで参加できることを大切にします。

【活動の内容】

◇交流社会経験事業「みんなの会」：中高校生を対象に卒業を祝う会、スポーツの交流、自立へのワークショップなど退所に向けてサポートします。

◇対話エンパワメント事業「しゃべるんです」：児童養護施設経験者の「体験」談をもとに語り合い、さまざまな人に現状を知ってもらいます。

◇学習および研究事業：学習会としてさまざまな講師を招き、学んでいます。

◇傾聴・ピアカウンセリング事業「でまえいっちょー」：児童養護施設の経験者が高校生との交流を通じ、当事者としての悩みをピアカウンセリング的な方法でCVVスタッフが聴き、悩みの解決につなげています。

（文責：徳廣潤一）

社会的養護の当事者推進団体「なごやかサポートみらい」

【設　立】2008年9月21日
【代表者】蛯沢光
【連絡先】〒462-0058　愛知県名古屋市北区西志賀町5-13-1
NPO法人こどもサポートネットあいち事務所内
TEL　052-911-8523　FAX　052-912-7101
http://www.nagoyakamirai.com/　E-mail　info@nagoyakamirai.com

【活動の趣旨】
社会的養護の当事者として乳児院、児童養護施設出身者や里親家庭で育った方を中心とした会です。これまでの経験や思い、考えなどについて、集まった仲間とわかちあい、未来の社会的養護を考えています。また、施設を卒園した人が困ったときなどに気軽に相談できる場所を提供していきます。

【活動の内容】
◇「わくわく集会（学習会＆茶話会）」や講演会
社会的養護の当事者や現場で奮闘されている方々の話を聴きながら、未来の社会的養護を考え、深めていく学習会や講演会を行っています。
◇「なごやかサロン」
施設や里親家庭を巣立った子どもたちが生活や仕事等で困った時に気軽に相談できる窓口や、居場所づくりをしています。
◇施設訪問
施設や里親家庭で暮らしている子どもたちへ、進路についての話をしたり、交流したりします。施設を巣立っていく子どもたちへ記念品（みらいオリジナルマグカップ）を贈っています。
◇「高校生対象大学等助成制度説明会」の開催
1年に2回、児童養護施設や里親家庭で暮らす高校生と施設職員の方に大学等への進学に向けた説明会を開き、具体的なアドバイスを行っています。
◇名古屋市の児童養護施設中高生対象の自立宿泊研修の参加協力
◇今後に向けて
自分の暮らしに無理なく、楽しい団体でありたい。人と共に……。今後は法人格の取得を目指して、活動の中身を再検討し、より良くなるようにみんなで研鑽していきたいと考えています。

（文責：蛯沢光）

社会的養護の当事者参加民間グループ「こもれび」

【設　立】2008年6月4日
【代表者】佐野優
【連絡先】〒270-0032　千葉県松戸市新松戸北1-12-6
新松戸総合事務所内
TEL　080-1156-7337
E-mail　komorebi080604@yahoo.ne.jp

【活動の趣旨】

こもれびでは、“つながり”“想い”をもっとも大事にし、形にとらわれない活動をしています。気がおもむくままに、不定期でお花見やバーベキューなどのイベントを開催したり、大学や一般の方を対象にした講演会などにおもむきます。自分の生い立ちや当事者が社会に出て行く大変さ、ケアなどについて話をしています。2か月に一度、会員の方へ「こもれび通信」を発行しています。当事者と同じ目線で、“支援”という枠にとらわれず「そばによりそう」ことを重視しています。

【活動の内容】

◇施設を退所した当事者が孤立してしまわないようネットワークをつなぐこと。
◇当事者にとって心の居場所になる集まりを開催すること。
◇“児童養護施設”をより多くの人に知ってもらえるように身近に感じてもらえるように講演会などで話していくこと。
◇今後に向けて

- 大きく変わることではなく、“今できること”を精一杯続けていくこと。
- 出会う人たちを、またさらに「こもれび」をとおしてつなげていくこと。
- こもれびに来ることで“また明日がんばろう！”そう想ってもらえるグループであること。

（文責：佐野優）

さくらネットワークプロジェクト

【設　立】2001年4月28日
【代表者】瀧澤政美
【連絡先】〒113－0033　東京都文京区本郷1-10-13-302
アン基金事務所内
TEL　090-7831-6413（代表者に直通）
E-mail　tackey611228@yahoo.co.jp

【活動趣旨】

さくらネットワークプロジェクト（旧全国里子会）は、2001年4月28日に発足しました。当初はIFCO（国際フォスターケア機構）が主催する研究大会に参加することを目的とし、その際に日本代表として参加していた委託された子どもたちの手によって設立されました。全国の里子・養子・OBたちを中心として活動・運営している会です。

【活動の内容】

◇さくらネットワークプロジェクトは、委託された子ども同士のコミュニケーションの場を提供し、悩みや不安を共有し合い、分かち合えるように努めております。
◇活動内容としては、定期的（毎月第4日曜日）にサロンを開き、子どもたちに交流の場を提供しています。
◇里親と子どもの双方によりよい関係を作っていくために、パネラーとして各里親会などで体験発表等もしております。委託された子どもの生の声を聞くことによって、普段家庭で悩んでいる里親の力に少しでもなればと考えています。
◇里親里子制度の社会的認知度が徐々に上がってきているとはいえ、やはりまだまだこの制度を知らない人も多いと実感しております。われわれの活動を通して、少しでも多くの人に正しく里親里子制度について知っていただきたいと思っております。
◇社会が変化していっても、里親や委託された子どもの抱えている問題は多々あります。さくらネットワークプロジェクトは、里親と子どもをつなぐ架け橋のような役割を担っていきたいと思い活動しております。
◇今後は活動の場を広げ、宿泊行事などもできるように計画中です。

（文責：瀧澤政美）

NPO法人「ふたばふらっとホーム」

【設　立】2011年3月
【代表者】園武友
【連絡先】〒160-0012　東京都新宿区南元町4番地
TEL　0120-328-280　FAX　03-5368-1969
http://www.futabafurattohome.com
E-mail　welcomehome@futabafurattohome.com

【活動の趣旨】

児童養護施設を卒園・退園された当事者が社会で生活を送るうえで、困ったことや相談したいことがあった場合に、また同じ施設を出た仲間として、支え合うことを大切にしたいとの視点から「ふらっと」集まれる「居場所」をつくっていこうということで設立しました。

実際に困っている例として、当事者は就職する際の保証人がなかなかみつからないこと、人とのコミュニケーションがうまく図れないことなどもあり、一般の人と比べて就職するのに非常に厳しい状況におかれています。退所後に仕事を辞めると、次の就職先をハローワークなどで見つけるのが極めて困難なのが実情です。そうした当事者のことを理解し、親身になって就職支援サービスをはかることなどを考えています。

【活動の内容】

◇居場所づくり

お茶とお菓子を食べながら、集まって皆さんでお話をする機会をつくります。色々なお話を聞いたり、話したりしながらみんなで考えていきます。周りを気にせずに何でも話せる空間をつくっていきたいです。

◇相談

生活面に悩みを（親子さんとも）抱えている方、法律相談、金銭的解決方法、行政への窓口相談、些細な相談から一緒に良い方向に進むように考えています。

◇月の行事

サークル活動（パソコン、料理等）として皆さんの要望により、色々な活動をしていきたいと考えています。

（文責：園武友）

NPO法人　社会的養護の当事者参加推進団体「日向ぼっこ」

【設　立】2006年3月3日
【代表者】渡井隆行
【連絡先】〒113-0022　東京都文京区千駄木4-23-19　光和コーポ201
TEL・FAX　03-5834-7433
http://hinatabokko2006.com/
E-mail　info@hinatabokko2006.com

【活動の趣旨】

社会的養護のもとを巣立った方が、気軽に集える場所を運営するとともに、必要に応じたフォローをさせていただいています。そこから見えてきた社会的養護全体の課題といえる事柄を、援助者の方・行政の方・市民の方々に訴え、支援や制度・政策の向上、市民の方々の差別・偏見の改善を目指しています。いずれ、日向ぼっこの活動がなくても、社会的養護のもとを巣立つ若者が、家庭で暮らしていた人と遜色なく生活できる社会の実現を目標としています。

【活動の内容】

◇居場所・相談事業（退所児童等アフターケア事業）

社会的養護のもとを巣立った方々が、気軽に集まれる居場所「日向ぼっこサロン」を運営し、必要に応じて相談やサポートも行っています。相談内容は、就労や生活困難に関してや生きづらさ、親・施設への思いの整理など精神的なものが主になっています。

◇当事者の声、集約・啓発事業

家族から見放されてしまった私たちは、自らが声を上げていかなければ、援助や政策をよくしていくことはおろか、市民の方々に現状を知ってもらうこともできません。育ちの時点で被ったハンディを一生背負わされることのないよう、市民の方々の関心の向上・援助や制度の向上を目指し、当事者の方々の声を集め、援助者の方々・行政の方々・市民の方々に発信しています。

◇今後に向けて

社会的養護のケアの質の向上・標準化のために、入所中のお子さんに対する権利擁護の充実を図る取り組みに着手したいです。今後は入所中のお子さんを対象としたキャンプを開催予定です。

（文責：渡井さゆり）

社会的養護の当事者自助グループ「だいじ家」

【設　立】2010年1月16日
【代表者】塩尻真由美
【連絡先】〒321-0945　栃木県宇都宮市宿郷2-6-18　コーポみはと102号室
TEL・FAX　028-680-4686
http://www2.ucatv.ne.jp/~daijike2.sun/
E-mail　daijike2@sun.ucatv.ne.jp

【活動の趣旨】

里親や児童養護施設を退所した子どもたちは、地域社会において自立生活を送る際にさまざまな生活や就業等の問題を抱えながら、自らの努力で生活基盤を築いていかなければなりません。このため、これらの子ども（18歳以上の者を含む）に対し、生活や就業に関する相談に応じていき、子どもたちが相互に意見交換や情報交換等を行えるよう、自助グループ活動を支援するなど地域社会における社会的自立の促進を図ることを目的とします。

【活動の内容】

◇退所をひかえた子どもに対する支援
- 地域生活を始めるうえで必要な知識、社会常識等のテキスト作成や研修会
- 退所をひかえた子どもが抱える不安や悩み等の相談支援
- 高校を中退・退学をした子どもの進路や就職活動に関する相談支援
- 子どもの入所施設との連携のもと、子ども同士の交流を図る活動

◇退所後の支援
- 住居、家庭、交友関係、将来への不安等生活に関する相談支援
- 職場の対人関係、離職・転職等に関する就業上の相談支援
- 気軽に集まる場の提供や、意見交換、自助グループ活動の育成支援
- 定期的な食事会、ハイキング、バーベキュー等のイベントの開催

◇今後に向けて

社会的養護の当事者が活動するからこその気持ちの共有をしていきたいです。社会で孤独を感じながら生活をしている子どもたちに「私もそうだよ。一人じゃないよ。」というメッセージを発信していきたいです。そして、どんなに暗い顔をしてサロンに来ても、帰る頃には笑顔を取り戻せるような“居心地の良い場所”をつくりたいです。

（文責：塩尻真由美）

資料●全国の当事者団体／用語解説

『施設で育った子どもたちの語り』編集委員会

編集代表　喜多　一憲（中部学院大学元教授、故人）
望 月　彰（名古屋経済大学教授）
吉村美由紀（名古屋芸術大学准教授）
堀場　純矢（日本福祉大学准教授）
編集委員　大森　信也（児童養護施設若草寮元施設長、故人）
井上　幸子（名古屋市中央児童相談所）
編集協力　長瀬　正子（佛教大学准教授）

施設で育った子どもたちの語り

2012年７月１日　初版第１刷発行
2020年11月30日　初版第４刷発行

編　集　『施設で育った子どもたちの語り』編集委員会
発行者　大江道雅
発行所　株式会社　明石書店
〒101-0021　東京都千代田区外神田6-9-5
電　話　03（5818）1171
ＦＡＸ　03（5818）1174
振　替　00100-7-24505
http://www.akashi.co.jp
組版／装丁　明石書店デザイン室
印刷／製本　モリモト印刷株式会社

（定価はカバーに表示してあります）　ISBN978-4-7503-3614-5